创业其实

Starting a Business Is So Easy

很简单

赵延忱 / 著

创业原理与案例

中国人民大学出版社
· 北京 ·

图书在版编目（CIP）数据

创业其实很简单：创业原理与案例 / 赵延忱著 .—北京：中国人民大学出版社，2016.5

ISBN 978-7-300-22772-6

Ⅰ. ① 创… Ⅱ. ①赵… Ⅲ. ①大学生 - 职业选择 Ⅳ . ① G647.38

中国版本图书馆 CIP 数据核字 (2016) 第 077048 号

创业其实很简单——创业原理与案例

赵延忱 著

Chuangye Qishi Hen Jiandan

出版发行	中国人民大学出版社		
社　　址	北京中关村大街 31 号	邮政编码	100080
电　　话	010-62511242（总编室）	010-62511770（质管部）	
	010-82501766（邮购部）	010-62514148（门市部）	
	010-62515195（发行公司）	010-62515275（盗版举报）	
网　　址	http://www.crup.com.cn		
经　　销	新华书店		
印　　刷	北京宏伟双华印刷有限公司		
开　　本	890 mm×1240 mm　1/32	**版　　次**	2016 年 5 月第 1 版
印　　张	11 插页 1	**印　　次**	2024 年 5 月第 2 次印刷
字　　数	214 000	**定　　价**	69.00 元

献身科学的生命历程

一、求真务实的传奇

特殊学历。小学 5 年，初中 0.5 年，高中 0 年，大学 1.5 年，研究生 1 年。8 年的学校教育，一个也没读完，一张文凭也没有！绝无仅有的学历证明：读书不为文凭而为追求真理！

非常阅读。排除一切干扰，每天 10 小时、一年 364 天（除夕除外）苦读经典：《资本论》、《国富论》和《就业、利息和货币通论》。在融会贯通的基础上，针对经济生活中的实际问题发表论文 27 篇。

追求实效。因为对经济理论的实用价值的怀疑、对研究成果的社会功效的否定、对体验真实的市场经济的愿望、对探索产业投资规律的价值追求，所以告别了体制内的优越条件和学术影响，开始了白手起家的创业历程。

二、自强不息的献身

三次登峰。以初中半年的文化基础考取研究生，何等艰难！学者经商两年赚了 300 万元，谈何容易！放弃成就斐然的经商之路而创办实体企业，何等勇气！

两次闭关。第一次闭关，为了心灵的空静，是在一个几乎与世隔绝的山谷之中，用 3 年零 14 天的时间完成了《民富论》。第二次闭关是在海滨村寨的三个春去冬来，正值《民富论》获得巨大成功，可以经营名气收获成果之际。

再次创业。56 岁时在"中国创业学思想体系"完成之际，创建了中国创业智库和北京民富之路教育咨询有限公司，成为了创业研究与教育的带头人。

三、变换归一的使命

弃官考学。把"走科学家之路"确定为人生目标。为此，辞去了三个行政职务，意味着放弃已有的官职和仕途。学者之路，对于只有初中半年文化基础的自己来说是下地狱般的勇气和为理想献身的精神。

弃学经商。在已经攀上经济学巨人的肩膀，取得丰硕研究成果的时候，断然告别体制下海经商。放弃的是有所成就的专业研究、大学的优越地位和较高的行政职务，目的是为了实现体验真实的经济生活并试图有所发现的强烈愿望。

弃厂著述。这是一次艰难的抉择。十年创业，多少艰难困苦，企业经历了屡败屡战的艰苦磨砺后进入了发展阶段，此时断然放弃企业而闭关著书，是因为对创造一个有用的新学科的价值追求，是因为为创业者打造思想武器的强烈使命。

Entrepreneurship

创业其实很简单

前 言

一、形成过程

《创业其实很简单——创业原理与案例》的产生大体经历了四个主要过程。探索创业规律的第一个过程，以《民富论》的出版为标志。实践专题研究的第二个过程，以 12 部实践专题著作和《中国创业学》的出版为标志。教学实践的第三个过程，以清华大学 DMC 创业教育项目的立项为标志。《创业其实很简单——创业原理与案例》完善与修改的第四个过程，以其出版为标志。

当《创业其实很简单——创业原理与案例》规范、简洁和体系化地得以呈现的时候，我对编辑们的敬业精神和专业水准心存感激。

二、教学实践

中国创业思想体系的第一个转化形式是 DMC 课程体系。"DMC"是"实教"（didactic）、"实训"（maidan）、"实战"（combat）的英文缩写，来自清华大学继续教育学院的《高等院校创业师资与创业主管干部培训班立项报告》。

2010 年 7 月至 2015 年 1 月，开设了 52 期 DMC 师资培训班，培训了 804 所高等院校的 2 421 名创业师资。接受培训的高校陆续地把 DMC 课程纳入教学计划。据 2014 年 12 月底的调查，有超过 100 所高校开设了 DMC 课程，有超过 75% 的高校选择了把 DMC 的部分内容编入课程内容。本科院校中的一些专业和几个职业高中学校，以《中国创业学》的内容为基础编写了十多种适合本专业和其他专业教学对象的创业教材。DMC 创业教育支撑、影响和推动了中国的创业教育，为《创业其实很简单——创业原理与案例》奠定了认知基础。

三、研究对象

《创业其实很简单——创业原理与案例》的内容来自丰富的创业实践并为实践所检验，不同于以"多种学科整合"为内容来源与研究方法的西方创业学。实践，不仅为创业原理提供了思想来源，还为创业学科规定了独立的研究对象——创造企业的实践过程。这个过程是以项目的发生与选择为起点，以标志运转实现的企业的诞生为终点的"两点之间"的过程。揭示这两点之间的规律，回答这一过程中的实践问题是创业研究与教育的内容。创业的实践过程和研究对象的确立自然产生了学科目的：项目的成活即新企业的诞生，并为之提供系统的知识体系。

四、基本内容

原理是指科学的某个领域中具有普遍意义的基本原则。原则在学科中表现为认识问题的观点，观点是用规律解释实践问题而产生的结论。基于这样的认识，规律是形成原理的基础，观点是构成原理的内容，解决实践问题是阐述原理的目的。

《创业其实很简单——创业原理与案例》以《民富论》揭示的创

业规律为理论基础，按照创造企业的客观过程，用规律认识创业不同阶段的实践问题，在对创业实践问题的分析中得出科学结论（即观点），用观点认识具体问题以对实践起指导作用。可见，用规律解释创业实践问题产生的多个观点构成了原理的基本内容。这些内容既能够向读者提供完整的知识体系，也能够为实践教学的实训方式与孵化体系的建立提供理论根据和建设指导。

再次感谢清华大学姜旭平教授对本书的审定和中国人民大学出版社编辑付出的辛勤劳动。感谢 DMC 学员们对本书的关注及其提出的宝贵建议。让我们脚踏实地，为创业这个新学科的完善与成熟，为教育对创业的贡献而继续努力！

赵延忱

Entrepreneurship

创业其实很简单

CONTENTS

目　录

目 录

Entrepreneurship

第一章

创业规律与原理

创业学是世界性的新学科。在它的产生与发展过程中，中国与西方学者在学科的创建中走过了不同的道路，即研究对象不同，内容界定不同，研究方法不同。

本章介绍对创业规律的探索并以确立创业学的研究对象为核心，阐述创业学原理的知识体系。

第一节　创业规律的探索

创业同任何事物一样是有规律的，创业规律是一个实实在在的独立存在，真真切切的特殊存在。这个存在是多样性中的同一性，是变化无序中的稳定与秩序，是纷繁杂乱中的简洁与清晰。揭示这个存在，是创业学作为独立学科成立的价值标志，是构建创业学的原理基础，是解决实践问题的科学根据。《民富论》等著作在对创业规律的探索中，证明了创业基本问题、基本过程和基本矛盾三大规律（见图1—1）。

创业基本问题

创业是由创业者和创业项目两大基本要素构成的。创业者的本质是"魂"，创业项目的本质是"根"。"魂"与"根"是对创业起主导作用的问题，是贯穿创业全过程的最稳定和最一贯的问题，是决

3

定其他一切问题的问题，因而是创业基本问题。

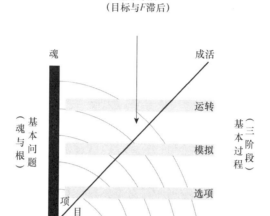

图1—1 创业基本规律

资本之魂

"魂"是一种资本形态。它是区别于已知的多种"软"与"硬"资本的独立的资本形态，它是以创业者为载体的、对财富创造和增加起决定作用的、最具资本性质的真正资本。相对灵魂资本而言，我们已知的各类资本都是资本要素。

灵魂资本的发现

老子讲"反者道之动"。"道"即规律。他认为规律运动的方式是朝着相反方向的。这就启示我们要把创业的失败看做是违背规律的结果。从结果开始向创业发生的过程推进，追问每一个失败的原因和原因背后的原因，层层分析，直到源头。通过追根求源以穷尽其理的思维过程，发现创业同其他事物一样有恒久不变的规律，就像无限时空中的网，潜移默化地发挥着作用。

创业失败的根本原因究竟是什么？从创业的过程看，创业是成功与失败相互融合、相互包含的过程。在新企业的发展过程中，阶段性结果是失败的，但在失败中包含着许多成功的因素。阶段性结果是成功的，但在它成功的路上有无数次失败，在成功的当口就潜藏着失败的因素。成与败是创业过程中的断面，是多种因素在一个时空点的集合而产生的现象。因此，成与败都不具有永恒性与独立性。不具有永恒性与独立性说明其本身不具有自主性和真实性。所以，它一定是被决定的事情。决定成败的那个东西一定是过程之外的某个因素。

再从创业要素看。哪个是成败的关键要素？营销是关键吗？背后是质量和功能。质量、功能是关键吗？背后是技术及其装备水平等。营销的基础还有价格，价格的背后是成本，成本的背后是方方面面、点点滴滴。可见，企业是一个系统，在一个系统中寻找关键是思想路线的错误，认定其中某个因素是关键是思维不彻底的表现，强调系统中的任何部分的重要性等于什么都没说。

从过程看，成败不具有独立性因而就不具有自主性。从要素看，成败不是任何一个要素可以决定的。对成败的透析把思维引向"过程"和"要素"之外。企业从无到有自始至终都被一个外部力量决定着。这个外部力量是什么呢？

它是一个深藏不露又无处不在的"幽灵"。创业的行为把人与物联结起来。人的灵性渗透到物中成为物的主宰，而物就成为灵性的载体和工具。"灵"决定物的一切。首先决定创业这个事物的过程：孕育、出生、发育和成长；其次决定着要素的存在：有无、配置、组合和效能。总之，"灵"赋予了要素生命，使静止和独立的要素成为在相互关联的运动中发挥功能的有机系统。这个深藏不露又无处不在的幽灵，也就是创业所要投入的真正的资本——"灵魂资本"。

灵魂资本的含义

灵魂资本有三层含义。首先，它是一个"独立存在"。我们已经知道资本的多种存在形式：从牛羊和土地到机器和设备等硬资本，从科学和知识到技术和信息等软资本。而灵魂资本是区别于我们已经知道的多种资本形态的资本，是一种独立存在的资本形态。

其次，它是一个"特殊存在"。特殊性表现在存在形式和发挥作用的方式与其他资本不同。就存在形式而言，它是"形而上学"的意识范畴的资本，这种存在形式的特殊性决定了它是以人为物质载体的资本。就发挥作用的方式而言，它是超越资本要素之上，渗透于资本要素之内，统领资本要素并主导财富增加过程的资本。

最后，它是"真正资本"。当我们把某些东西称作资本的时候，潜在的标准是这些东西具有增值的属性。灵魂资本的发现使我们知道：被人们称为资本的东西，在其独立存在的状态下并不具有增值的功能，只有在灵魂资本的作用下才具有增值的功能。离开灵魂资本，机器就是机器，技术就是技术，信息就是信息。它们对灵魂资本而言表现为资本的要素。而灵魂资本则是各类资本要素的主导。所以，对于财富的创造与增加而言，灵魂资本是资本要素的灵魂，是具有资本性质的真正资本。

灵魂资本的定义

灵魂资本是对创业特殊规律的理解和运用；表现为创造与整合资源，驾驭资本要素的能力；落实到对具体项目的理解通透和把握上。为了区分以往的资本概念，给它取名"F"。

$$S=F（AB）$$

式中，S 代表创造企业的过程；A 与 B 分别代表软与硬两种资本要素；F 表示 A 与 B 相加大于和或相乘大于积的关系。公式表示：创业是 F 与 A 和 B 的关系，成败决定于 F 的存在和 F 对 A 和 B 的作用程度。

F 好比武术的"功夫"，功夫是人与剑术结合而产生的剑魂。有了剑魂，一把普通的剑能天下无敌。没有剑魂，是手中有剑而心中无剑，有其器而不得其意，有招式而不得其精髓。A 和 B 好比武士手中的剑。剑为了杀戮而存在，杀戮的艺术是剑的灵魂，是对剑的超越。同理，资本为了增长而存在，增长的艺术是资本的灵魂，是对资本的超越。

F 与资本要素的关系

《易经》是中国文化之根。它告诉我们，阴和阳是构成一切事物的最基本元素，世界万物都是阴阳相合的结果。

根据万物相合的道理，创业者与资本要素是通过 F 相互结合的关系。在这个关系中，创业者是结合的主体，资本要素是结合的对象。F 是主体与要素结合的中介：创业者通过 F 对项目所包含的要素发生作用，以 F 的能量使要素相遇而合，在合中产生新的功能和价值。

F 对资本要素的作用好比是水。水作为一种介质，以其物理的冲击、温度、压力和时间一起，使物质相遇而合成新的结构体。合的根据是天地万物所具有的同一性。合是对自然的顺应，对文明的采集。好比是物理学与数学之合产生计算机，化学与生物学之合产生基因工程一样。

F 证明了创业的本质

本质是由事物中最基本方面的矛盾关系所规定的。创业这个事物的最基本方面是创业者和项目。在这两个基本方面的关系中，创业者起主导作用。创业者的主导作用体现为 F 的作用。F 的基础是人在生命长河中积累而形成的素质，F 的来源是创业的实践。而创业者增长能力的实践是一个过程，由此得出结论："创业者能力的自我再造的过程"就是创业的本质。

"再造"是浴火重生的凤凰涅槃，好比是跳进了八卦炉，炼上 49 天才有火眼金睛。好比是进入球磨机，经过了粉身碎骨再重新成型后才可坚固耐用。经过了"炼"与"磨"的创业者，是懂得了新企业发生的真实，通透了项目运作的环节，知道了走向成活的步骤，学会了创造盈利模式的企业家。

项目之根

"根"，是蕴含在项目之中的"生命基质"，是决定项目成活的核心要素。

根的存在

创业项目的运作有三种基本状况：有的项目根本做不起来；有的项目能够站住脚却做不大；有的项目做得很顺利且发展很快。三种状况启示我们：项目的差异源自项目中包含的不同要素，其中一两个要素决定着项目运作的状况和结果。正如老子所言："天下万物生于有，有生于无。"项目运作结果的这个"有"，是被项目基因这个"无"决定的。成功的项目是有一个好的基因被预置了，失败的项目是没有预置好的基因。

根的内涵

项目是一个由诸多要素构成的结构体，把其中一个决定性要素叫做"根"。它好比是种子的胚，受精的卵，孵出小鸡的蛋。根是"有质量的生命基因"，它包含两个含义：一是"有没有"，基因的有或无决定这个项目能否生存。二是"是什么"，基因的质量决定这个项目能长多大、活多久。

可见，根是存在于项目要素之中的优秀的物质基因，是扎根于正当、潜在与恒久需求中的真实品质和效用；是吸引、影响与制约其他社会成员与之交换的战略资源；是项目生存的权利与发展的基石；是争夺市场份额的优势，即别人没有的，先人发现的，与人不同的，强人之处的。

根的作用

首先是"未战先胜"的条件。"未战先胜"来自《孙子兵法》，意思是：在战争开始之前，首先谋划不被敌人战胜。创业也是这样，影响项目成功的因素很多。但是，创业者应该而且能够做到的是先创造项目能够生存下来的条件，这就是：创造、发现、培育和抓住项目的根。

其次是坚持不懈的基础。创业失败率高达90%，许多项目做了一段时间就放弃了，原因是缺少坚持的信心、决心和条件。而信心、决心和条件都来自项目的根。如果在项目发生的时候抓住了根，就有了坚持的信心、决心和条件；如果经历了根的创造和培育的艰辛历程，就会产生对项目的钟爱。这样，就不会在干的过程中犹豫、动摇、怀疑，更不会浅尝辄止，半途而废，而一定会坚持不懈，一干到底。

最后是创业程序的设计：创业之始，在时间安排和资金使用上先做什么，后做什么？是先务"实"，还是先务"虚"？"务虚"是指那些形式上的事情和花钱就能办的事情，诸如办执照、建团队、租房子等。"根"的观念告诉我们：创业之始，首要之首要是抓住"根"。要全力以赴、不遗余力、花大气力、下真功夫创造、寻找、挖掘、培育项目能够生存下来的基因。这是基础的基础，前提的前提，关键的关键，根本的根本。不把这个问题解决好，其他任何事情都没有意义。

"魂"是从创业的主体——创业者，来揭示创业的本质。"根"是从主体的对象——创业项目，来揭示创业的本质。二者共同构成创业基本问题。

创业基本过程

创业，是以项目选择为起点，以企业诞生为终点的具有生物属性的自然过程，呈现出顺序发生、先后承接的三个阶段。三个阶段不是逻辑推导和主观设定的，而是创业进程中客观存在的，是由目标不同和要解决的问题不同而相互区别的不同阶段。阶段不可逾越，顺序不能颠倒。遵循过程是创业自觉：先干什么，后干什么，再干什么，每个阶段要解决的问题是什么，问题的解决是目标的达成。基本过程是循序走向项目成活的路径。

选项

创业最直接的问题是要"创"的这个"业"是什么？这是项目选择问题，是创业过程的第一个阶段。

创业过程的最重要阶段

创业过程的每个阶段都是下一个阶段的决定性基础。项目选择是对全过程起决定作用的阶段。因为一个项目能够站住脚的优势，一定要在开始就解决。有了好项目，并不决定你一定会成功。而没有好项目，则决定你一定不能成功！把握了项目的核心优势就是抓住了成功的一半，决定着后两个阶段能够顺利进行下去。

魂与根同步生成的条件

魂与根来自实践，首先是选择项目的实践：创业者是在创造、发现和培育项目核心优势——根的过程中，同时完成了对项目的理解、通透和把握——魂的产生。魂与根同步产生于选择项目的实践过程之中。实践是对项目的理解过程与 F 生成过程相统一的条件，即在选择项目的实践中获得选择项目的能力。

选项进程的三个步骤

在项目选择上，创业者通常的错误是偶然性和随意性，根本原因是创业者不具有认识判断好项目的能力。这是我们认识问题和寻求解决办法的出发点。项目从选择到确定是一个较长时间才能完成的过程，通常要经过"从接触到理解"、"从理解到通透"、"从通透到把握"三个步骤（见图1—2）。只有经过这样三个步骤，才能看清项目的要素构成，通透每个要素的内涵，发现其中起决定作用的要素并牢牢抓住它。

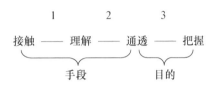

图1—2 选择项目的三个步骤

模拟

模拟是创业过程的第二阶段，以探索的方式完成对项目特征的理解，以试验的方式完成对项目可行性的确认，以建立小规模系统模型的方式，完成对动态的项目要素的综合把握，体现了对市场不确定性的应对和为了获得能力而对实践的选择。

客观性由三个矛盾决定

一是创业能力与创业实践的矛盾。创业能力来源于实践，而创业者通常是在没有实践，尚不具有能力的情况下开始创业。二是功能创造与功能决定的矛盾。产品功能的创造者不是功能的决定者。而市场规则是创业者先把功能创造出来由市场进行选择。功能的事先创造和市场的最终选择决定了产品的样品性，产品的样品性决定了制造的试验性。三是演习和实战的矛盾。任何产品的制造都是诸多要素的综合：要素从静止状态到运动状态，从独立状态到发生要素之间的联系变化中会出现什么情况，若不通过试验，再丰富的想象也无济于事。而这个试验过程本质上是演习。

解决三大矛盾的办法

矛盾是一个隐藏得很深的存在，如果不知道这个存在而直接有规模地去做，会遇到要素平衡及系统建设问题、技术成熟程度及功能质量问题、工艺合理及成本控制问题、对需求的理解及市场定位问题。如果不能摆脱层出不穷的问题，一个磨合中的不稳定的系统会在混乱中瘫痪，失败像计算机程序一样被预设了。解决的办法只能是模拟：用试验的观念，探索的方式，最小的规模，逆向的程序，虚拟的办法运作项目。

制约偏执心态的作用

通过把模式设置为程序可以防范风险，并制约具有普遍性的创业者的偏执心态。

偏执心态的存在是根据对创业者心路历程的梳理而发现的心理现象，表现在心理活动由"偏好"向"偏执"的转化。人们对利益的追求落实到项目上，追求目标的过程强化着实现目标的愿望。日益强化的愿望通过持续的"注意"（心理活动对特定事物的选择）而产生"心理偏好"。"偏好"的产生是对假定目标的信任，不断加强了的信任是宗教般执着的"偏执"：思维被框在一个圈子里，心路沿着特定轨道滑动。"偏执"表现在对本来不可行的事信心十足，对一切善意的提醒从感情上自发排斥，对呈现出来的危机视而不见。相反，思想像久旱的沙漠疯狂地吸吮与捕捉一切对目标有利的信息，甚至把一个梦想象成神的启示或命运的召唤。

解决的办法：把模拟硬化为程序，用程序限制偏执心态的发生，同时限制高估自己得利的机会和能力，制约投机心态等人性弱点。

运转

运转是创业过程的第三阶段。模拟是以产品为核心实现对要素的联合把握。运转是以销售为核心创造企业成活的条件。模拟是企业的孕育，为生存准备条件。运转是企业的诞生，为发展奠定基础，体现着把生存放在首位的创业理念和实践。

特殊意义的运转

这里说的运转，不是以盈利为目的的资本循环，而是创造新企业生存条件的项目运作过程。目的是活着，内容是补偿，一切服从运转。为通过补偿实现生存的目的，规模能小则小，投入能少则少，而活着所需要的条件却一个也不能少。

运转是企业生命的存在形式。有了存活的时间，创业者才有认识问题的对象和解决问题的条件。一切问题都会在运转中发生，一切问题必须在运转中认识，一切问题只能在运转中解决。大到战略目标，小到业务流程，离开运转，谁都无从猜测有哪些问题存在，也不可能找到解决的方法。一切问题的认识与解决的前提条件是运转的存在。

创业的第一目标

与创业有关的教科书强调新企业必须尽快盈利，否则会破产。如果把盈利当做新企业的首要目的，好比面对一只刚出壳的小鸡说："你必须马上下蛋，否则就死掉。"对小鸡而言下蛋是不可能的，只有死掉。企业需要盈利，它是以运转为前提的。运转与盈利在时间上是先后关系，在逻辑上是因果关系，在内在联系上是鸡与蛋的关系。理所当然运转是创业的第一目标。

运转实现的条件

用销售收入补充耗费是运转的实现。一是减轻运转负荷。减少甚至规避固定成本投入，在必须投入的种类和时间上以实现运转为限度。二是强化运转动力。持续动力来自运转创造的系统功能，系统功能发挥作用的结果是销售货款的回流，回流的关键是及时：宁可利薄也要收现，宁可保本也要及时，宁可微亏也要防止呆死。新企业销售的实现需要一种特殊有效的销售模式，这个销售模式是：点规模渗透。

点规模渗透

通常的营销理论的潜在前提是"已经存在的"企业如何做销售。而创业的"企业存在"恰恰是以销售的实现为前提的。那么，正在谋求"企业存在"的创业企业该如何做销售？

创业销售的特殊性表现在创业销售与已经存在的企业销售相比较的"十个没有"（参见本书第十一章第一节的内容）。"十个没有"是营销基础。因此，建设新企业的营销基础是创业营销的首要问题。根据"创业中的一切问题都是实践问题"这个规律性结论，建设营销基础离不开销售实践。这就需要一种低成本、可持续、易操作的创业销售的实践模式：点规模渗透。

"点"是集中有限资源只做一个城市或区域；"规模"是终端铺货的数量；"渗透"是越过一切中间环节在渠道中完成广度与深度铺货的蚕食行动。点规模渗透是在点的基础上，通过渗透的办法，实现最大程度的终端铺货的规模。

规模达到一定量自然产生虹吸现象。终端铺货的规模与走货的数量之间存在一个正相关的固定概率，比如 10 ： 1。虹吸现象一旦产生，销售就进入续货与结算的流程管理。在销售实践的基础上，逐步建设适合自己产品与市场特点的营销基础。

它是创业销售一系列问题的综合解决之道：集中优势所实现终端的数量，使得做透一个点比十个点还多；创造局部优势能够解决资源有限问题；通过"从小做起"解决在实践中学习销售的问题；集中创造的短距离解决有效的客户管理、销售队伍管理和货款及时回流问题；渗透决定了销售环节的减少，解决了降低销售成本进而可持续问题。总之，点规模渗透解决了创业销售问题，也就解决了运转的实现进而企业存活的问题。

创业的三个阶段如同一张路线图，让人们知道创业的"路"怎么走。

创业基本矛盾

创业过程中一切矛盾背后的矛盾是创业对创业者 F 的需要和 F 生成滞后的矛盾。这是贯穿创业始终又恒定不变的矛盾，因此是创业基本矛盾。

矛盾的存在

创业的第一目标是企业的存活，F 作为创业者的能力是实现目标的决定性因素。为实现目标所需要的 F 与 F 的生成之间，在时间上是不同步的，表现在 F 的生成滞后于达成目标对 F 的需要，由此

产生了目标实现与 F 生成滞后的矛盾。这是创业困难的总根源，是一切实践问题背后的问题，是贯穿创业全过程的永恒主题。

是先有 F 还是先有实践？问题的核心是实践，需要 F 的创业实践同时是 F 的来源，即实践产生能力，实践又需要能力。解决的办法是让创业的实践与创业所需要的 F 生成同步，即在从小做起、探索前行的实践中同步生成 F。

实践的原则

矛盾的存在启示我们，创业中的一切问题都是实践问题。创业者从踏上创业之路起就一定会遇到各种困难，所有困难都是具体、特殊和没有现成答案的。怎么办？办法就是做。"天下事有难易乎？为之，难者亦易矣，不为，易者亦难矣。"只要积极努力地去做，就一定知道怎么做！不做，就永远不知道怎么做！唯有实践才是解决问题、增长能力、创造 F 的唯一选择、唯一道路、唯一办法。离开实践说什么都没用。

"三无"的前提

矛盾的存在客观地规定了创业研究与教育的前提是创业者的"三无"，即无资金、无资源、无能力。这是初创企业的人们的普遍状况和基本事实，是言说创业一切话语的起点，是探讨一切问题的解决办法的条件，是构成学科内容的既定前提。归根结底，是解决创业研究的目的，是说清楚"从无到有"的科学价值所在。

比如，创业必须"从小做起"和"快不得"等重要观点，都是根据基本矛盾的存在产生的；再比如，点规模渗透的创业销售模式是建立在创业者不懂销售而又必须做销售的这个前提上的；再比如，好项目的 14 个来源是以创业者没有资金作为谈论项目的前提的。

如果创业理论和教材的内容是以"资金、资源和能力"的存在为前提,尤其是把"融资成功"作为展开全部内容的基础,是未意识到创业者"三无"的普遍事实。

第二节 创业原理的形成

任何学科都是对特定领域规律的探索。因此,构建创业学的学科体系的前提是明确研究对象。有了研究对象,学科才具有独立的价值和成立的基础,才能界定研究范围,规范学科内容,与其他学科区分开来。创业学的内容应该且必须是:阐释规律作为基础理论;用规律解释实践问题得出结论性观点作为基本内容;用观点解决实践问题产生的办法作为理论的补充。以观点为主要内容的"原理 + 观点 + 办法",是科学、完整、实用的创业学学科的原理体系。

研究对象的确立

创业规律存在的条件是创业实践,研究对象已经隐含在阐述规律的条件中:创造企业的真实过程。

创业的定义

创业是创造一个企业的过程。

第一章
创业规律与原理

创业的内涵与形式

创业的内涵是"弄个东西卖出去",其形式是"创造一个企业"。因此,创业是"创造一个企业的过程"。只要是从事着自主经营、自负盈亏,以销售收入补偿耗费取得盈利的事情,不论是烤肉串还是做电脑,不论是 1 个人还是 100 个人,都是创业。这个不言而喻、回归本真的定义,不在概念上纠缠,不把纯理论的思辨当做确立概念的途径与思路,同时意味着只说创业这个事物,不论与创业有联系的诸多问题。

创造企业是一个过程

创造企业是一个过程,是过程就一定有它的起点和终点。起点在哪里?起点是以确定目标为前提的行动,目标是一个具体项目。所以,项目发生与选择是创业过程的起点。终点在哪里?新企业的"诞生"就是创业的终点,是过程的结束、目的的实现。越过这个点是企业正常的经营活动和以盈利为目的的持续发展过程,是管理学的研究领域。

新企业诞生的标志

新企业不是要素的简单集合,而是一个发挥功能的系统。系统功能发挥的标志是运转,表现形式是运转,实现条件也是运转。运转是把创业推进到用销售收入补偿耗费这个过程的"点"。它标志着启动项目的资本投入结束,生存条件不再是外部资金的投入,而是系统自身的造血功能与生存环境的能量代换。

研究对象在两点之间

可见,创业研究的对象是创造企业的真实过程,这个过程存在于"两点之间",即以项目选择为起点,以运转实现为终点(见图1—3)。

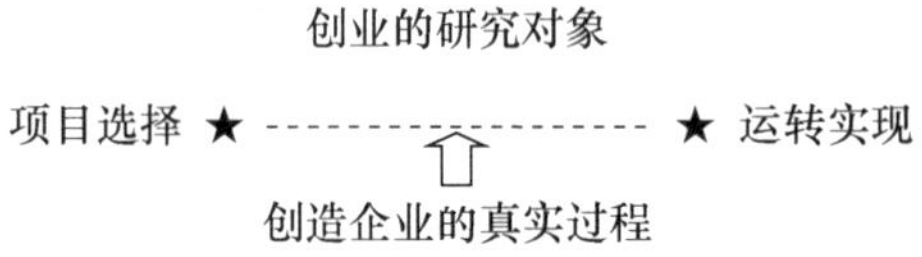

创业的研究对象

项目选择 ★ -------------------- ★ 运转实现

⇧

创造企业的真实过程

图1—3　创业的研究对象

结论的产生

创业是"创造企业的过程"的定义，规定了创业学研究的对象是"以项目选择为起点，以企业诞生为终点"的两点之间的创造企业的真实过程，为认识创业的若干重要问题提供了科学依据。

创业学教什么

创业学要教的内容也是学生要学的内容，学生学习的内容是创业实践中要做的事情。创业的内涵是"弄个东西卖出去"。首先是弄个什么东西，然后才是怎么卖出去。在这个过程中有许多问题需要解决，解决这些问题需要正确的观念，而正确的观念需要根据企业生成的内在规律形成。

创业学教什么？结论是：阐释创业规律，解决实践问题。前提是揭示规律。创业规律作为独立学科的基础理论必须包括创业基本问题、基本过程、基本矛盾的证明——新企业发育脉络的描述；创业成败终极原因的结论；通往成功的可复制模式。回答这些问题是对本质的揭示，是学科的使命，也是解决实践问题的基础理论。

创业者在开始创业征程的时刻，面对的是充满诱惑又颇具风险的旅程，是一片陌生而神奇的领域。规律的作用是需要标出这片天地的脉络，让创业者听到理性的声音，这声音好比是探险者的指南针、旅行者的路线图、三峡的航标灯。可见没有对规律的揭示就无法科学地回答实践问题以指导创业实践。

创业教育为什么

研究对象的"两点之间"和教育内容的"揭示规律，解决实践问题"把教育目的指向一个字——"活"：确定的项目怎样才能站住脚"活"下来。"活"通过"一个激发，三个转化"实现。激发，是激励与引发创业想法或热情；实现三个转化——想法向项目转化，项目向运作转化，运作向成功转化（见图1—4）。

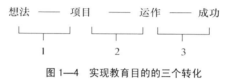

图1—4 实现教育目的的三个转化

第一个转化。有了创业"想法"，要向选择"项目"的行动转化。这个转化要让创业者懂得：创业是有规律可遵循的，前进的路线是清晰的，风险是能够避免的，体现规律的成功模式是存在的。这样，创业者就能够增强信心，积极寻找适合自己的创业项目，完成想法向项目的转化。如果创业之始讲创业者必须具备的诸多素质、潜力和办企业的条件，传达着这样一个信息：创业太难了，使得本来有勇气创业的人望而却步。

第二个转化。选择了"项目"后要向"运作"这个项目转化。创业之始，最重要的是花气力去创造、寻找、选择和测试一个适合自己的，能够依靠现有资源和少许资金启动的项目。尤其是找到和确证项目的优势，完成对项目内涵的理解、通透与把握。这样，就能够获得运作这个项目的决心而干起来，完成"项目"向"运作"

的转化。如果要求创业者的首要的事是写计划书、找投资人，这违背了创业只能从小做起，在磨炼中增长才能的创业之路。无视职业金融机构的本质，会使创业者的项目越不过资金的门槛而不能启动。

第三个转化。从"运作"向"成功"的转化，是教育创业者按照体现规律的阶段设置循序渐进，运用规律解决实践问题的知识体系，认识和处理每个阶段的问题。以最小规模起步，探索方式推进，首先完成对项目要素的平衡与掌控，然后创造出实现运转的条件，让项目站住脚，完成"运作"向"成功"的转化。如果教育创业者创业要高起点、大规模、快速度，会使创业失败于错误的做法。

创业学的研究对象和教育内容共同规定了教育目的。教育目的只能定位在新企业的诞生而不是所谓"提高创业意识"上。

差异的来源

创造企业的真实过程决定了创业学研究的对象、边界和范围，进而规范了内容，决定了目的。可见，创业研究对象的差异是中美创业学一系列差异（见图1—5）的根源。

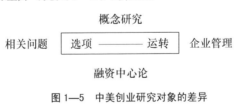

图1—5　中美创业研究对象的差异

两点内外

图1—5方框里面是中国创业学的"两点之间"的实践研究对象，方框外面是以管理学为主，包括心理学、行为学、投资学、市场学

等学科的研究对象。

概念研究

方框外面的概念研究包括创业的特征、类型、起点、规模、内涵、外延、个人与企业的关系、创业者的动机、潜力、素质、特征等。创业概念的延伸是企业的定义、含义、种类、人在企业中的作用、概念的历史沿革、六种语言解释创业的差异等。

相关问题

方框外面的相关问题的研究包括：创业与经济增长、就业、创新的关系；社会创业与个人创业、主动创业与被动创业、生存创业与发展创业、冒险创业与理性创业的区别；年龄和受教育程度对创业的影响；马斯洛的需求层次论、成人记忆法、自主意识鉴别等。此外，还有思辨性研究：创业是思维方式还是行为方式？创业的要素数量是三个还是四个？

知识体系的构建

规律对实践问题的解释产生了结论性观点，多个观点构成了创业学的知识体系，由观点构成的知识体系即是学科的主要内容。这里，仅用规律认识资金、起步和先后而产生的观点为例，说明构成创业学原理的知识点体系是如何形成的。

用规律认识资金产生的观点

资金不是创业的决定因素

基本问题告诉我们：主导创业全过程的决定因素是魂与根。资金是 F 统领的诸多资本要素之一，是根之外的项目构成要素之一。资金对于魂与根而言处在从属的地位，资金只有在魂与根存在的基础上才有意义，否则有多少钱也没用。有了魂与根就具备了无须外部资金介入而依靠自有资源起步的条件。这个认识与古今中外几乎百分之百的创业真实相符合。

资金与项目的本质关系

基本矛盾证明了创业的本质是创业者自我再造的过程，而不是用资金去组合物质要素的过程。资金的本质是职业金融机构的本质，其本质是"向优秀项目或企业投入权益资本的行为"。职业金融机构把资金当做血液投入到能够使资金保有和增加的企业机体中，它永远面对优秀的项目或企业，通常不是尚未起步运作的创业项目。

两个本质决定了项目与资金是有条件的相互需要的关系。资金需要项目的条件通常是：有前期投入，在运作过程中显示并证明了项目优势。项目需要资金的条件是：前期是"根"的存在，需要启动资金，后期是"运转"的实现，需要发展资金。而在项目的发生与选择、核心资源培育的过程中并不需要资金或不需要很多资金。

解决创业资金的现实途径

两个本质及其相互关系规定了解决创业资金的现实途径。首先是依靠自有资源：以体力为主的本能资源，以智力为主的累积资源，以环境为主的可借助资源。商业价值源于人对资源有用性的发现。其中，以智力为主的积累资源是指创业者现在就有、有待认识和开发、经过改造与提升后能够与某种需求相契合的本领、知识、技术、特长、经验、兴趣等。

其次是创造项目优势。融资的主要途径是把资金需要项目的条件即项目优势创造或证明出来，这就需要把项目做到一定程度，至少是有经过测试的优势证明。项目优势是项目"构成要素"中最具有市场价值的一两个因素的转化或实现：技术先进则要完成从技术到产品的转化，有市场需求则要有直接用户的证明，模式可行则要有运作的效果或证明效果的试验。

如果把资金作为创业的核心问题，把融资作为创业的起点和目的，这样的认识不懂得创业和资金的本质，不知道项目与资金是有条件的相互需要的关系，因此得出了创业主体是职业金融机构的结论，否定了创业作为独立学科存在的前提，也否定了创业者的主体地位和主导作用。这样的认识，无视古今中外的创业者白手起家的普遍事实，违背了创业只能从小做起、依靠自有资源起步的创业之路，使得许多创业项目永远停滞在资金面前不能启动。

用规律认识起步产生的观点

核心人物是决定因素

要不要先建团队？在魂与根的关系中，魂是主要方面，起主导作用。魂是由核心人物作载体的，核心人物的魂的有无及其对资本要素作用的程度是成败的决定性因素。由此得出结论：团队是核心人物功能的延伸。没有核心人物及其 F 的含量，有多少人也没用。

F 的作用是推动"业"的产生与发展，团队只能随"业"的发生而发生，随"业"的成长而成长。什么时候用人是由"业"决定的。如果"业"还在探索中，团队的发生不仅没有根据，或许还会把事情搞乱。事实证明：没有核心人物的团队是一盘散沙，不是以"业"的发展自然产生的团队是乌合之众。

先务实而不要先务虚

根的理论告诉我们：创业起步的首要事情是抓住项目的根，解决好"弄个什么东西"的问题，为做这件事才需要注册公司。前者是"实"，后者是"虚"；前者是"内容"，后者是"形式"。一切形式都是由内容的需要而发生，而不是首先刻意制造出来。这就决定了在创业之始要把精力的分分秒秒、资金的分分角角，用到为了"卖出去"而"弄个什么东西"这个生死存亡的问题上。在确定了"业"以后再办执照。

创业必须从小做起

创业基本矛盾告诉我们，创业需要的 F 与 F 的生成是不同步的。解决的办法是让创业所需要的 F 产生在从小做起的实践中。从小做起的实践一方面有利于减轻目标实现对 F 需求的压力，另一方面有利于为 F 的较快生成创造条件，以解决基本矛盾。

"小"是新企业的常态。创业是事物的初始，初始的东西总是小的。这不仅是因为小的事物中蕴含着生存、发展、强大的基质和成长的无限空间，而且，更重要的是，正是由于小，才易于筹谋、看透和把握，才能在探索的实践中成竹在胸。如果起点规模大，会把创业者应该在实践中逐渐增长的能力，过早地推到了极限而发生混乱与失控，强化了基本矛盾。

从小做起对于"能力增长适应创业实践对能力的需要"是极端

必要的。一是对项目内涵的理解，是在项目由小到大的成长过程中不断加深的。二是开拓市场的能力，是在小规模进而少量产品的销售中锻炼出来的。三是管理的能力，是在企业发展的过程之中逐渐形成的。

在创业中一开始就追求高起点，能够运转起来的企业很少。只有那些从小做起，在生存的压力下备尝艰辛，在残酷的竞争中摸爬滚打，在经受挫折中逐渐成熟的企业，才得以生存并慢慢地发展起来。

讲清项目问题

项目的重要性要求创业研究的内容要首先正确回答与项目有关的问题。充分理解项目的发生与选择是一个实践过程。

不要把写"计划书"当做选择项目，也不要把创业起步归结为"创办新企业"的建团队、办执照。这些作为营造创业氛围、实践教学的方式可以另当别论，但是它不符合企业发生的内在规律，不是创造企业的正确实践。创业之始乃至相当一段时期，要千方百计打造项目优势，这是关键与根本。如果刚迈进创业门槛就先摆阵势、铺摊子，是在"务虚不务实"中把有限的资源消耗了，把失败预先设定了。

创业起步的"四要四不要"

要从小做起干起来，不要纸上谈兵；

要花气力选好项目，不要先去注册；

要寻找项目的命根，不要先找资金；

要培育项目的优势，不要先搞形式。

27

用规律认识先后产生的观点

1. 先资格，后资本
2. 先打工，后老板
3. 先探索，后真干
4. 先育根，后长叶
5. 先配角，后主角
6. 先不败，后求胜
7. 先务实，后务虚
8. 先困难，后容易
9. 先市场，后工厂
10. 先样品，后批量
11. 先试验，后规模
12. 先做小，后做大
13. 先做专，后做宽
14. 先做近，后做远
15. 先集中，后分散
16. 先运转，后盈利
17. 先生存，后发展
18. 先利他，后利己

"先后"的要义是：从小做起"动"起来，找到根子"干"起来，创造条件"活"下来，稳定模式"转"起来。

指导实践的作用

用规律认识实践问题得出了观点，用观点解决具体问题产生了方法。观点和方法一起完成了理论向实践的转化，实现了理论指导实践的价值。这里，以"项目运作"为例介绍几种方法。

模拟的办法

模拟是小规模、试探性的运作，是以产品功能实现为核心，完成对要素的联合把握。

物质性产品的模拟方法。把产品的小批量生产交给别人，自己提供标准进行检验；以租赁方式用别人的厂房设备自己干；与有生产能力的企业合作，对方管生产，自己做销售。总之，用别人的生产条件生产自己的产品，然后通过直接面对消费者来检验：功能与缺陷，市场容量，目标群体等。当这些问题都得以解决的时候，再进行自己的产业投入。

非物质性产品的模拟方法（见图1—6）。对别人的通路、平台和品牌，采用借用、租赁与合作的办法，达到不花钱或少花钱就能够让目标客户知道、购买和评价你的产品的目的。"借—租—合"分别对应"通路、平台和品牌"产生九种方法。

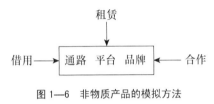

图1—6 非物质产品的模拟方法

虚拟销售的通用方法。把通用的创业顺序颠倒过来，用虚拟销售的办法，从销售开始逆向推进。找到一个与你的市场目标贴近、在功能上可以替代的商品来销售，先解决市场问题。有了对产品的理解和销售经验再开始自己的生产。

运转的办法

运转是以销售为核心，创造收入来补偿耗费，以实现运转的条件，达到企业成活的目的。

策略：小、专、点。规模要小，由生产能力的设计所决定的整体规模要小；功能要专，把资源优势聚焦到一个功能上来；只做一个点，为实现最低成本的销售，把销售集中在一个城市，为"两个重点"创造条件。

重点之一：减。一是减轻补偿的负荷，充分利用社会分工的条件，减少或规避固定成本的投入；在投入数量和时间上以实现运转为限度。二是减少运营费用，以运转为尺度制定费用标准；设计项目实施的阶段，规定阶段的费用额度。三是抓住费用的最大头，千方百计控制它。

重点之二：增。增加销售收入的三个步骤。第一步：以销售为中心的组织建设。要解决产品卖给谁和怎么卖的问题，先要解决谁来卖的问题，即以销售为目标的人员配置、责权利安排和薪酬设计等。第二步：以销售为目标的营销基础的建设。具体到产品介绍、概念、包装、价格、客户资料等。第三步：销售模式的设计与探索。设计几个套路并一个一个地去试，在试的过程中修正和稳定销售模式，建立业务流程。

销售的办法

点规模渗透是以一个城市为基础，通过蚕食手段实现终端的最大规模铺货，以产生虹吸效应的销售模式。

操作流程。开拓先行：先开通一条渠道中的销售终端，通过寻找、洽谈签订销售代理协议来实现。两个同步：以协议为根据给代理商送货的同时，开拓市场持续进行。一条渠道做透后再开辟第二条渠道。三个结合：送货、续货、结算相结合。

管理方式。"一点两面"。"点"是老板，负责信息收集和统计汇总：拓展的点（合同）；铺货的量（收货单）；续货的点（电话记录）；结算的款（前期收货凭证）。一个面是市场开拓的负责人签订代理协议。另一个面是"两送一结"的负责人"送货—续货—结算"。这种简约式的管理做到了情况明、有效率、管得住。

延伸思考

1. 实践在创业学思想产生与形成中的作用是什么?

2. 创业规律对创业知识体系构建的作用是什么?

3. 什么是创业学研究的对象? 为什么这样规定?

Entrepreneurship

第二章

趋势与环境

中国人处在几百年来创业的最好时代。我们拥有自主的经济生活权利和选择自己发展目标的社会条件。这是过去的人们所渴望而不曾拥有的。

社会发展的大趋势会影响每一个人。21 世纪中国的趋势与潮流是什么？新世纪的发展中这会有许多变化，但建立在人性基础上的市场经济制度不会改变。从人性这个自然的永恒和市场经济这个社会的永恒出发，会发现几个长期起作用的、影响社会生活的矛盾。

这些矛盾决定着社会生活的主旋律，决定着社会发展的大趋势：在农业、工业、服务业和科技教育等领域来自民间的创办经济实体的大规模创业活动。这将是 21 世纪最有意义的社会实践，最具有普遍性的社会生活，最为突出的社会现象。它是已经初露端倪并将蓄势待发的巨大能量，有着钱塘江大潮般汹涌的气势，是千流归海般的必然。它是从根本上改变中国命运并影响人类社会的世纪浪潮。

第一节　创业的社会趋势

社会发展的趋势是选择个人发展目标的前提，预见并跟定大势才可能成就大事业。趋势是矛盾制约的，发现了矛盾就知道了趋势。大矛盾就是带有普遍性、长期性的大问题、大困难。因为这样的矛盾是无论如何也要正视和解决的，解决的方法、过程和后果造就了趋势。我们面临什么样的大矛盾？它又是怎样决定趋势的呢？

人性与市场结合的必然

怎样增加个人财富？人们追求自身利益的共同本性在市场经济条件下具有选择创业的自然趋势，因为市场经济使得通过创业来增加财富成为可能。

人性驱动创业

什么是人性？多学科的共同结论是：追求自身利益是人的一切行为的出发点和归宿，是人的思维和形体活动的最终目的。什么是利益？利益被经典地概括为"需要的实现"，即得到并满足自己的需要。人需要什么？根据马斯洛的需求层次论：需要对不同的人来说表现为不同层次，有最基本的生存需要，也有最高层次的自身价值实现的需要。至此，可以这样下结论：追求自身需要的满足就是人的本性。正如亚当·斯密所言，我们从娘胎里出来一直到死，从没有一刻放弃过改良自身状况的愿望……但怎样改良呢？最显而易见、最具常识性的办法是增加财产。

通过何种途径来增加财产与社会制度相关。不同的政治经济制度会产生不同的利益导向，这决定着追求利益的方式有多种选择。好的制度能够规范人的选择，把它引向增长社会财富，提升人的文化素质，促进文明的进步。市场经济正是这样一种制度。市场经济所具有的渗透力必将从根本上改变人们的价值取向，把个人追求自身利益的要求引向市场，转化为创业行为。对于一个心理发育正常的人，一个人格完善的人，一个具有理性思维的人，特别是那些拥有很强的人之为人的本质属性——自主、自立、自尊、自强意识的人，通过创业实现利益几乎是最重要的选择。

市场牵动创业

今日中国的一切成就都得益于我们已经并正在改革与完善的市场经济制度。市场经济的合理与永恒以及它永不衰竭的活力，来自它为个体需求的满足即个体利益的实现创造了条件。在市场经济的体系中，每个人都有充分利用自己的资源、自由选择生活与发展的权利。同时它也为个人利益和社会利益的结合进行了规范，即个人需求实现的前提是为社会创造一种需要。于是，为满足个人需求的一切努力，在使个人利益得以实现的同时推动了社会的全面发展。市场经济是个人利益与社会利益相结合的不可替代的经济形式。

个人利益与社会利益的结合是人性与制度的结合。这个利益的结合部通常是用创业连接的。不论什么人，哪怕仅仅是出于生计的考虑，也会尽可能把自己的一部分财产用于增加收入。市场经济的法则使得通过创业谋取利益成为可能。创业，成为个人与社会结合的端口，成为激励和发挥个人全部潜能的方式。同时它也是社会回报个人贡献的通道。创业就像连接车厢的挂钩，它把个人与社会连接起来，使经济的列车轰鸣前行。

尤其是在与市场经济相适应的法制条件下，"在生命财产相当安全的场合，一个人如果不把他能支配的财产用于投资，说他不是疯狂，我是不能相信的"。谁不相信？是那个叫做亚当·斯密的英国人。

财富依赖创业

假设你家的鸡一年下 100 个蛋，吃掉 50 个——消费了，另外 50 个用来孵小鸡——投资了。家庭和国家的情况都是这样：为了增加财富，就要将当年生产物的一部分用于追加来扩大生产，这个追加就是投资。投资的数量一般决定着生产扩大的规模和物品增加的数量，进而是社会生活水平的提高，一句话：投资决定经济的增长。

在实行市场经济的国家，国家直接投资的经济领域是有限的，这是由市场经济对政府职能的要求决定的。市场经济条件下用于投资的资本只能是私人资本，包括私人股权资本、债权资本、各类职业金融资本和以私人资本为基础的其他各种经济形式。这样，每个单个的人便成为投资主体。"每个人改善自身境况的一致的、经常的、不断的努力是社会财富、国民财富以及私人财富所赖以产生的重大因素。"[①]

可见，追求个人利益的实现即需求的满足是伴随人生的愿望，而实现的道路则与社会条件有关。市场经济的原则是在满足个体需求的前提下为社会创造需求，引导人们为实现个人利益而首先创造社会利益，同时为实现个人利益提供现实的路径。

自由人群体的必然走向

今日的中国正在发生着历史上空前的巨大变化。人们从多个角度概括它：由计划经济向市场经济转变；从封闭走向开放；由人治走向法治；由身份社会变为契约社会等。在所有的变化中，最基本、最有影响的变化是：自由人群体的持续产生且数量日益扩大。这是一切变化中最大的变化，是一切现象中最突出的现象。它将影响整个社会——政治、经济、文化、教育的方方面面。

----

① 亚当·斯密：《国富论》，上海，上海三联书店，2009。

自由人群体来自社会分化

分化产生于 20 世纪 80 年代初，以渐进的方式扩大着规模，到了世纪相交的当口变得急剧化。经济结构的调整和国企改革把将近半个亿人数的职工分离出来，农民工群体的出现标志着有数以亿计的农民不断地从土地上挣扎出来。在新世纪之初这一分化显现出普遍化趋势。而这还仅仅是开始，更大规模的分化还在继续，但它仍然是自由人群体的一个小的部分。

自由人群体的最大来源是新增人口。分化对历史来说是瞬间现象，是相对记忆中的整体而言的，当对整体记忆淡化的时候，当"新新人类"成为社会的主体，与很久以前曾经有过的整体不再发生联系的时候，也就无所谓分化。可见，分化是相对原有的阶层、原有的身份和原有的稳定板块而言的。放眼未来 30 年或 50 年，已经分化出来的个体随时间推移而消失。代之出现的是无尽的新增人口，是逐年增加的大学毕业生和其他到了就业年龄的青年人，其总和应该以每年千万人计。

由分化而产生的观念革命

影响中国人半个多世纪的单位观念、上级观念、本职观念、身份观念将随着分化的淡化最终归于由文字记载的历史。代之而生长出来的是对生存的忧患意识；自主、自立和自强的独立意识；寻找个人能力与社会需求相结合的磨合意识；自由选择的目标意识；为自己的选择承担后果的责任意识；由对财富的渴望而产生的发展意识；旨在增强和提高自己的学习意识；积累自己可支配要素的资源意识；根据利益关系和理性原则来处理人际关系的公平意识；还有竞争意识和机会意识等等。这些观念推动着社会的进步。从这个意义来看分化就很像英国学者梅因用来概括世界文明史的"从身份到契约的运动"。其核心思想是人们获得财富不再靠与生俱来的身份与地位，而是靠法制和商品经济原则下自由人的后天奋斗。

自由人就业的出路在哪里

靠国企改革吗？从今向后看，国企不可能成为吸纳就业的主体。靠托夫勒的第三次浪潮吗？越过农业和工业实现"跳远式发展"：先不论大家都去搞信息技术、基因技术能在多大程度上拉动经济，这种形式能吸纳的就业是很有限的。靠在流通领域中倒来倒去？靠炒股票？都不行。解决矛盾的根本出路是产业等领域中的创业投资。

是什么决定了自由人群体必定走向创业呢？是自由人本身这个巨大存在引发的生存和发展问题。两个问题会在观念的引导下自然地产生创业行为。市场经济体制的建立和民营经济地位的确立，为自由人创业提供了基本的社会条件。另外，就业问题理所当然是政府施政的永恒课题，是政策制定的重要出发点和归宿点。政府同样会认识到，解决问题的根本出路来自民众创业，是不依赖积极的财政政策而实现经济自主增长的永恒源泉。政府必然会竭尽全力创造条件，鼓励与支持自由人群体的创业活动，为个人投资创业提供实实在在的帮助。

市场经济制度的创造过程和人口基数很大的现实产生了大量的自由人群体。市场经济制度决定了政府解决就业的局限性，同时为自由人群体的自主创业创造了条件。

扩大内需的根本出路

经济学的理论和经济发展的实践都证明，经济的增长依靠投资会导致效率递减，单纯依靠积极的财政政策会导致通货膨胀率升高。可持续的增长要靠自主的内生动力创造需求，创业就是这个内生动力。

供求关系的常识

常识告诉我们，供给与需求是"永恒"和"同一"的。"永恒"是指供给与需求的矛盾是与市场经济相伴的现象，总供给大于总需求就像5%的失业率和5%的资金利润率一样，都是市场经济中的常态。"同一"是指供给与需求是一个问题，相互依存、相互决定且相互创造对方，这是经典作家说得很透彻的观点。根据这个观点，不能把需求不足和失业看成是由经济转型和产业结构调整所致，这是用暂时的观点来理解永恒的问题。不能割裂二者的同一关系，孤立地看待需求，把眼睛盯在老百姓的钱袋上，忽略了决定消费的最重要因素是与供给相联系的收入。没有稳定的收入或预期的收入，储蓄是不能用来消费的。总之，不能离开多数人收入的提高谈论消费需求。

扩大需求的办法

供给与需求的相互决定和相互转化，可以用图2—1这样一个链条来简单地表示。

个人需求—社会总需求—价格变动—投资激励—个人收入

图2—1　供给与需求链条

从单个人的需求开始，个人需求的总和就是社会总需求。个人需求降低决定了社会总需求降低。社会总需求降低决定了价格总水

41

平降低。价格总水平降低决定了投资激励的减弱。投资激励的减弱
决定了居民个人收入的减少。个人收入的减少决定了个人需求的减
少。如此循环螺旋下降的趋势告诉我们解决问题的思路是通过增加
收入来增加投资。用财政收入和外汇储备来增加投资和收入，进而
增加消费和增加总需求是一种思路。更重要的是来自民间的创业投
资。唯有创业投资才是可持续的、不产生通货膨胀压力的力量，才
能大面积地扩大就业，增加多数人的收入，扩大需求，对总供给与
总需求的平衡产生积极的作用。

增加收入的途径

产业投资是增加供给和增加需求的统一，二者统一在消费——
生产与生活消费之中。因为任何一笔投资于产业的资金，在增加对
生产资料的消费的同时也增加对生活资料的消费。任何一项投资都
必定会产生对人力的需求，即通过工资产生对消费资料的需求，甚
至可以说任何产业的投资最终都会全部转化为对消费资料的需求，
因为所需求的生产资料本身都包含了工资。一直追溯下去，除了地
球上的自然资源之外的所有财富都是工资。准确地说，投资在直接
产生对消费资料的需求的同时，经过中间环节后最终也会变成对消
费资料的需求：投资创造收入，收入创造需求。

造就企业家的必由之路

中华民族复兴之梦的基础是经济发展，经济的载体是企业，企
业的灵魂是企业家。优秀的企业家是我们的稀缺资源，而创业是造

就企业家的唯一道路。中华民族伟大复兴的百年梦想与企业家数量少、质量低之间的矛盾，是决定创业大趋势的第三个矛盾。

矛盾的存在

中国人面临着伟大复兴的历史机遇和使命。国家强盛的根基是经济，经济的内容是企业，企业的灵魂是企业家。企业家是实现伟大复兴的中坚力量。伟大复兴的历史使命与企业家资源的匮乏构成一对矛盾。矛盾作用的结果必然导致创业的持续和扩大。

缺乏的事实

我们身边的东西有多少是自己发明的？在高端产品中拥有多少知识产权？在国际贸易中掌握多少标准？在世界 500 强企业中有几家中国企业？在世界级企业家中有几个中国人的名字？企业家缺乏是严峻的事实。严峻到什么程度呢？在发展与衰退两种可能中会走向何方？在严酷的国际竞争中有多少胜算？能否逐渐解决人口和就业的巨大矛盾？能否在不依赖出口的情况下持续地扩大内需？一句话，能否抓住民族复兴的千年机遇，在很大程度上取决于我们拥有的企业家的数量和质量。

企业家的作用何以如此重要？一是国家间的竞争在和平发展的国际环境下，是以企业之间的竞争表现的，这种竞争的背后是企业家胆略和智慧的竞争。二是人的决定作用表现为人才的重要性，在人力资本中最具活力的是企业家，他们处在人才和人力资本的核心位置，对人力资源起引领、主导与创造性组合的作用。

必经的道路

面对伟大复兴的世纪使命，我们需要数以万计的企业家。企业家从哪里来？靠学校教育吗？如果学校能够教育出企业家，我们可以像制造产品那样，每年以几十万的规模批量生产企业家。企业的活动是实践性极强的活动。面对强手如林的市场和生死存亡的竞争，要的是真功夫。功夫是"练"出来的，没有什么能够代替"练"的过程。

企业中的问题都是具体、特殊、有多种选择的。因此，解决任何问题都需要创造。没有创造就没有决策，没有创造就没有企业的存活，没有创造就没有企业家。创造靠什么呢？靠创业实践的熔炼和市场的锤打。所有这些都起源于创业。不懂得创业的艰难怎么会珍惜企业的今天？不知道企业如何孕育、出生、发育、成长，怎么知道企业的前路该怎样走？创业是造就企业家的真正大学，是从根本上解决民族复兴与企业家缺乏这个矛盾的唯一道路。

社会发展的走向由社会矛盾决定。新增人口与就业的矛盾、经济增长与扩大内需的矛盾、中国梦与企业家数量的矛盾决定了创业的趋势。

第二节　创业的社会环境

稳定与衰落的事物很少有机遇，变化与发展的事物才有机遇。我们正面临着变化与发展：三大矛盾的存在决定了创业的趋势，在这一过程中有着许许多多的变化。变化是创业的历史性机遇。

改革开放以来，财富增长，国力增强，人民生活水平明显改善。重要的是民众拥有了自主的经济生活权利。当今中国，只要你愿意通过自己的努力改变自己的生存条件，便可以找到适合自己发展的空间。创业使得你的优势、强项、兴趣、理想、激情、个性都可以尽情发挥，因为我们拥有，因为它们属于每个人。面对这个现实，人们很难强烈地意识到我们所拥有的创业的社会环境，是中国几百年所不曾有过的，是几代人奋斗牺牲的结果。它是中国人实现强国梦想的道路，是每个人实现生命精彩的舞台。

私人财产的权利与金融体制的改革

法律保护私人财产的权利

市场经济有利于激活所有人追求个人利益的本能。这是怎么激活的呢？是价格，是反映社会各种需求的价格。价格将社会物质和人力资源分配到最有利于发挥作用的方面，以促进技术不断地产生和应用，产品成本不断降低，质量不断提高，功能不断增加。价格这只手之所以有如此巨大的魔力，是因为它摆布的是人性，追求个人利益的本性决定了人们情愿接受这只手的驱动。这正是市场经济造就恒久经济活力的奥妙之处。

但有了价格，市场魔力就能释放出来吗？不。在市场价格和人性之间有一道屏障：私人的财产权。没有私人的财产权，市场作用和人性就被割裂开了。人没有必要接受价格的摆布，接受它干什么？按它的要求从事经济活动的结果与我无关，无法从我的努力中获得利益，因为我没有财产权。反之，如果我拥有财产权，会本能地接受市场价格的信息，接受那只"看不见的手"的指导，因为我努力适应市场的结果属于我自己，因为我获得的成果不会被别人抢走，因为我拥有属于我的财产权——有法律保障的财产权。

财产权横在市场和人性中间，有这个权利，它是市场和人性的通道；没有这个权利，它是切断市场和人性的鸿沟。结论是清楚的：市场经济与财产权是相互依存的一个整体，是那只"看不见的手"的手心和手背。离开财产权，"看不见的手"可就真的看不见了。

私人的财产权对创业的影响是直接的。把私人的财产权变成法定的权利，在财产权的保护上不分所有制，只要合法就都一律平等地加以保护。法律保护公民的合法财产，使得人们对自己的财产安全不再担忧，它影响着投资者和企业家的经济预期和外国资本在中国投资的信心，极大地促进民间创业浪潮的涌起。

创业融资的体系正在形成

中国的金融体系存在着根本性的制度缺陷且正在改革，缺陷的源头在国有独资。这决定了国有银行很难成为进行商业化经营的企业，摆脱不了行政机构的性质。国有银行难司金融职能，其最一贯性的表现是贷款结构与企业结构不对应，很少对民营企业贷款，使民营企业融资困难，限制了它们的发展。而民营企业在国民生产总值中的份额已经超过了国有企业。民营企业是最具有活力的经济成分，是推动中国经济增长的引擎。与民间创业投资的需求对应的是民间金融体系的建立与完善，是最终解决就业、扩大内需、实现经济自主增长的根本出路。民营经济的停滞就是中国经济发展的停滞，民间投资的萎缩就是中国经济的灾难。仅仅为了民间的创业投资，中国金融体制的改革也刻不容缓。

民间投资呼唤民间银行，国有银行的改革也需要民间银行。银行改革同国企改革一样，出路在产权清晰和竞争机制，国企改革需要民间资本和外资参股，而银行改革则需要开放民间银行作国有银行的对立面，形成竞争环境。民间银行的存在是国有银行改革成商业银行的外部冲击力量。但是改革后的国有银行要成为创业与民营企业融资的主要渠道还有漫长的道路要走。

最有可能的是大银行对应大的企业和大的投资。因为对 1 亿元和 10 万元的贷款，在评估项目盈利能力、人员管理能力、分析现金流量控制能力、预测资信程度时，所需要的成本可能是差不多的，这决定了大银行愿意做大额贷款。小额贷款就要由小银行来做。根据历史上民间银行的经验，它们通常与企业有着长期的交往关系。那时还没有"信息对称"之说，但它们之间信息是对称的，行为是互动的，利益是共同的。

可以预见：民营企业的发展，民间创业的需要，民间资本的增加，闲置资金的合法走向与合理利用，将使民间金融机构的产生成为必然。事实上，允许银行上市不是就等于允许民间资本介入银行吗？更可靠的根据是：中国加入世界贸易组织后开放了金融市场，难道对外国人开放的领域会不允许中国人进入吗？

结论是：国有银行的改革与民间银行的产生同样是不容置疑的；中国民间投资金融的前景是美好的，创业融资的多种形式和多种渠道已经并正在产生。

外资本土化过程与投资领域的开放

外资本土化过程产生的创业机遇

外国资本进入中国都有自己的长期发展战略。长远性决定了它们本土化的必然性，本土化的过程将会成为中国中小企业大量产生的过程，成为中国民间创业投资持续增长的一个机遇。

首先是外资制造业本土化。为了降低基本原材料和各种零部件的成本，也为了确保供应的及时和配套，外国资本在建立自己的生产基地之后，通常会积极推进零部件供应本土化。其次是外资采购本土化。不论是外资中的生产型企业还是零售型企业，一旦在中国建立了自己的基地，本地采购的数量及品种都会大幅度增加，事实上已经有许多跨国公司建立了中国采购中心。最后是外资研发本土化。外国公司把研究与开发的一部分转移到中国来，和它们的制造部门更接近，这么做的更重要的原因是亲善中国市场和中国文化，以适应在中国土地上的竞争，显示了其就近"收获"中国花巨资培养出来的高级人才之用心。

外资本土化是中国民间创业投资的机遇。机遇体现在合作与学习两个方面。就合作而言，中国民营企业可以做外企的上游和下游。比如宝洁进入中国之初，90% 的原料靠进口，而今天已经 80% 本土化，这意味着中国的供应商每年有 20 多亿元的订单。宝洁的物流搭档沃尔玛当初被挡在中国的国门之外，而宝洁又必须在中国创建自己的商业链条，这使得一些国内运输企业进入其中。另外还可以与外资进行品牌合作，合作的惯例是"贴牌生产"，即常说的 OEM。国际上知名品牌的 OEM 业务注定会陆续地向中国转移。中国企业可以为外国的品牌打工，在打工中积累自己，谋求创建自己的品牌。最广泛的合作形式是配套，为跨国公司的核心产品配套，在配套中走自己的专业化、精致化道路，在外国公司创造的商业价值链中占据一个不可替代的环节。就学习而言，外资本土化对中国中小企业有一个特殊的意义，那就是外资企业特别是跨国公司，带到中国来的是代表当代世界经济发展最高成就的各种要素：资金、技术、品牌。更重要的是，它们传递出来的商业意识和商业观念，它们追随客户的执着精神，它们对消费者需求的深层洞察，它们的市场营销的规范与严谨，它们的品牌运作的能力，等等，对刚刚受到一些市场经济启蒙的中国企业人士和创业者来说，都是极好的学习机会。

平等与开放的创业环境开始形成

在已经过去的相当长的时间内，有许多领域民营企业是不能进入的，比如金融、保险、通信、电力、铁路、公路、港口、机场、航空、体育、城市基础设施、某些稀有金属的矿产业、大型设备装备的制造。此种情况在逐渐改变，这些领域将陆续地以多种形式向民间创业者开放。

陆续开放的理由如下：一是市场经济要求公平竞争，与之相联系的是国有企业低效率的垄断必须打破，民营企业的公民待遇必须给予。二是中国加入世界贸易组织后，凡是向外资开放的领域，理所当然地应该首先向国内的民间投资者开放。三是"三大矛盾"决定了民营企业、民间创业是中国经济和社会发展的中流砥柱。政府要千方百计地支持、鼓励、创造条件，采取多种办法吸引民间资本进入这些领域。

民间投资的方向与中国的巨大市场

在实体经济中创业的趋势

股票市场的功能应该是这样的：投资者把资金投给那些经营业绩突出、盈利预期看好的企业。投资者的资金与企业资金一起滚动，从企业的利润中获得回报。股市则根据企业经营业绩和对投资者的回报所决定的股票价格调整资金流向，实现社会资源的优化配置。而我们的股市从创建股票市场的初衷、投资者的目的、股票市场的运转和上市公司本身这四个方面来看都是不成熟的。

发行股票的初始目的是为了国企解困，为吸引投资则先建立了股票交易市场以引导人们把交易当成目的，为交易而购买股票。把当初荷兰人设计的作为投资退出机制的股票交易当成了投资，而作为投资凭证的股票则成了进行交易的筹码，在短期内追涨杀跌反复地买卖以赚取差价，而不是把自己作为某个企业的股东，凭持有股票分红。其结果是使得交易与企业的经营状况分离开来，为造假上市和炒作等各类投机行为创造了观念和机制条件。

长期以来，投资概念的内涵被股票替换了，冠以投资名目的书都在讲炒股。现实的股市教育了千万股民，一夜暴富的想法不现实。云里雾里的大盘让人花了眼、昏了头，丢了钱都不知道找谁说理。

在今后相当长的一个时期内，股市靠法制介入和强化监管来实现规范是一条漫长的路。打掉了庄家，惩治了造假，抽干了浑水，露出了石头，真正盈利的企业不多。特别是以国有企业为主的上市公司的经营状况最终决定了股市的基本面，而这个基础是不稳固的。股市与基金的状况使得"投资"者变得成熟了，脚踏实地地创业、认真做实事、在实体经济中求发展的愿望萌生了，民间资金流向产业的趋势变得明显了。

中国市场带给创业无限空间

在20世纪最后的20年中，精明、成熟、老道的世界500强企业中的多数，似乎是接受了同一个指令，满怀豪情地向着同一个方向运动，这个方向就是位于亚洲东部的中国。它们接受了什么指令？是市场，它们共同看好的是中国的市场。这个市场太大了，消费需求的潜力太大了。

外国人看好的前景，正是中国民间创业的前景，是民间创业的无限空间。随着经济的持续发展，中国居民的总收入与储蓄同步增长。在总额增长的过程中，收入水平的差距拉大了，形成了消费的多元化。既有实用为主的消费，也有精致享受为主的消费，还有追求文化教育、休闲旅游的消费。由此出现了众多消费热点：住房、汽车、计算机、教育、旅游。在城市消费水平不断提高和日益多样化的同时，广大的农村也存在着极大的消费潜力，经济发展带来的城市化进程和农业的集约化经营是必然的。所有这些都表明中国市场不仅巨大、多样化，而且具有深厚的潜力。这意味着创业的领域宽广、前景美好。

快乐幸福的人生与开创事业的挑战

让生命之火在追逐创业的梦想中燃烧是最精彩的人生历程，因为它是开创自己的最富激情的事业，投身于创业的感觉只有初恋能与之相比。

幸福人生的起点

在追逐梦想中实现自由的人生。什么是幸福？这个见仁见智的题目太大了。但有一点确凿无疑：自由可能不是幸福的全部，但幸福中绝对不可能没有自由。不是说"若为自由故"，生命和爱情都可以不要吗？刑罚的威慑作用不也正在于它剥夺人的自由吗？自由的重要可以这样理解：生命是由时间构成的，能按自己的意志支配时间，那么生命就属于你自己，因为你是自己生命活动的主宰，故自由等于生命。

从小开始，上学放学写作业，考试升学到毕业。毕业了，两点一线的运动结束了，你迷茫了。迷茫中是否可曾想到：你自由了，把生命交给别人支配的日子结束了。你可以按照自己的意志选择人生的路，可以自由地支配你生命的分分秒秒。你可以尽情放纵你的思绪去追逐梦想。多少精彩的人生与辉煌的业绩不都源于一个梦吗？而自由——掌握由时间构成的生命的自由，则是一切梦想得以实现的最重要的条件。

工作是为了什么？生活。生活是为了什么？快乐。什么是快乐？这又是一个见仁见智的大问题。经验告诉人们，所有带有享乐性的行为带给人的快乐感觉都是短暂的。作为感受快乐的最大值恰恰是在完全满足的前一点，即经济学中被称为边际效用价值论的东西。感官的快乐转瞬即逝，它远远无法构成生活的全部。快乐是什么呢？是追求快乐的过程，追求快乐的过程是人生的快乐。如果这个过程是你喜欢的，那么它是快乐的；如果这个过程实现了你自己的利益，那么它是非常快乐的。一句话，为你的理想或目标做你喜欢的事是人生的快乐。这样的快乐在哪里？

开创事业的挑战

独立开创一项事业是很不容易的，挫折和失败是几乎必定会碰到的。正是在这一过程中，你起步了，立足了，发展了。正是在这一过程中，你的意志坚韧了，信心增强了，精神世界充实了。正是在这一过程中，你有了做人的尊严和魅力，有了独立的人格，饱尝了为理想奋斗的快乐。即便是不幸遭遇失败，你也会发现：失败是一种资格。任何失败都是折腾一通后的阶段性结果：对过去，它证明你是有些能量的，至少非碌碌无为的平庸之辈；对未来，它是继续前进的新起点、新水平、新高度。

相反，没有苦难的人生是不完整的人生，没有遭遇挫折的人生是没有底气、没有后劲的人生，是没有机会理解社会、没有资格谈论社会的人生。若干年后你会发现："没有失败的人生，才是人生的最大失败。"

当你一旦迈出一步，你就会发现，不论你设计得多么完善，大部分计划都是不切实际的；不论你有多么丰富的知识，立马就会吃惊地发现自己的贫乏；不论你有多么充沛的精力，你很快便会感觉不够用。创业一定能压迫出你全部的潜能，锻炼你方方面面的才干。

一旦命运操控在自己手中，朝着你选择的目标前进，生命之火就会在一个点上燃烧：火花喷舞，光芒四射。

创业，是 21 世纪中国的大趋势。这是由中国现状和目标决定的。目标是实现民族复兴的百年梦想，现状是三大矛盾的存在。梦想与现实中间是以民众为主体的创业活动。这是一个浪潮，它涌起的端倪已初现，澎湃的条件正在形成。

我们拥有自主生活的权利，拥有实现目标的社会条件，这是中国人百年奋斗的结果。改革开放的伟大时代和创业的丰厚土壤是理论创新的条件，我们需要并能够创造有价值的理论来指导创业实践。

延伸思考

1. 本章提出的人性的永恒与市场经济的永恒是指什么？

2. 为什么说"两个永恒"与"三大矛盾"决定了创业浪潮的兴起？

3. 为什么说在变化的事物中才有机遇？

4. 用法律保护私有财产与市场经济是什么关系？

5. 描述金融体制的现状与改革的方向。

6. 你认为有哪些投资领域需要继续开放？

7. 创业的社会环境中存在哪些需要在深化改革中解决的问题？

Entrepreneurship

———————

第三章

要素资本的灵魂

第三章

要素资本的灵魂

登山务穷其巅，游洞务尽其极。穷山之巅是对脚下之山的超越，是视野的无限开阔。尽洞之极会到达神秘之处所，别有洞天或豁然开朗。任何科学的发现都是基于这个"穷尽"的精神。它是深入其中的历程与超越其外的思维。创业同其他事物一样有其恒久之"道"，就像存在于无限时空中的网，潜移默化地发挥着作用。

探索规律从哪里开始？规律是一个真真切切的存在。它不呈现在表面，只要反复冲撞了它，它就会通过失败让你在刺心的痛楚中感觉它沉默的真实。把失败看做是违道的结果来追究终极原因是发现规律的端口。因为，对创业失败的感受如同针穿十指般的刺痛一样使得思维翻滚、灵光闪烁，从失败开始探究到深层、细微、隐蔽的地方，追寻在持续中产生的感悟，经过抽象思维的作用，便可以触摸到规律这个隐蔽的存在。

规律是什么？把创业的感悟追问到底，发现决定失败与成功的是同一个东西，成功与失败是它的正反面。这个东西是具有灵魂性质的资本。它是决定创业成败最具根本作用的资本形态。它对财富的创造与增加而言是最具有资本性质的资本。它是融于资本要素之中、超越资本要素之上的一个真实、独立与特殊的存在。

阐明发现灵魂资本的过程以证明其存在，得出基本结论以定义其内涵，揭示灵魂资本与要素资本的关系以说明灵魂资本发生作用的形式，是创业的基本问题之一，也是本章的核心内容。

第一节　全新的资本形态

一个项目失败的原因究竟是什么？是缺少资金吗？是决策失误吗？是质量和功能吗？是市场定位吗？是技术含量吗？是成本控制吗？是管理水平吗？是市场通路吗？是商业模式吗？这些都很重要，但归根结底又都不是。因为在它们的背后还有原因，原因的原因又是相互关联而交织在一起的。

创业投资的"资"主要是货币及其物质形态，包括知识、技术、信息。但创业投资的"资"中首要、主要、起决定作用的却不是这些。是人的灵性渗透到资本要素之中，赋予资本要素以生命的灵魂即灵魂资本。

投资的"资"是什么

由于经济发展的不同时期、研究者的不同角度、学科的不同对象等原因，对资本的理解有多种说法。

用作投资的货币及其物质

货币及由货币代表和转化的各种物质形态是资本，这是资本概念的基本与普遍含义。以增值为目的把货币用于投资，货币就是资本。既然把货币当做资本，不论投向哪个领域，货币都会变成与用途相关的物质形式。土地、矿产、能源、材料、机器、工具、设施和装备等，都是资本。

资本概念发展的基本阶段

资本概念的起源。资本概念最初开始于家畜养殖业的原始社会，发展于货币本金放贷生息的古代社会，成熟于生产要素论的近代社会，延伸于范围扩展的现代社会。把资本当做生产要素，是经济学中资本概念的正宗和经典。创业投资中的资本就是这种意义上的资本。

资本概念的衍生含义。经济学家从价值来源考察经济，把劳动力或劳动看成是资本。例如亚当·斯密的论断：土地是财富之母，劳动是财富之父。马克思从考察资本本质出发，把资本看成是由物体体现的社会生产关系。现代社会的人们注意到自然资源匮乏日益严重，技术、知识、信息能够引发经济增长，把自然资源与技术、知识、信息看成是资本。

多种资本概念的共同特点

不论从何种角度来定义资本，都与财富的增长有关。只是由于创造财富的要素不同，在人类生产活动的不同时期发挥作用的程度不同而形成不同的概念。农业经济时代土地的作用最突出，一切社会矛盾源于土地。工业经济时代机器的作用最突出，吸纳和推动生产性劳动的资本（机器）数量决定财富的多少。近现代技术的作用最突出，技术创新成为经济变动与增长的重要因素，如铁路、电力、汽车、电子、计算机、互联网都创造了一个产业链，分解出许多相关行业进而拉动经济。

可见，人们对资本的理解有一点是共同的：凡是与财富创造和财富增加有关的要素都是资本。

用"软"与"硬"来概括

"软资本"和"硬资本"

既然凡是与财富创造和财富增加有关的要素都可以叫做资本，那就有太多的资本。可将其概括为"软资本"和"硬资本"。计算机的普及使人们很容易理解这个概括力很高、很准、很通俗的概念。硬资本是指与财富创造和财富增加相关的物质要素，包括土地、劳动力、能源、材料、机器、设备、厂房、工具以及用价值代表和支配这些物质要素的货币，即一切物质的、有形的、实在的、构成投资的物质基础的要素都是硬资本。

软资本是指与财富创造和财富增加相关的一切非物质要素，包括知识、技术、信息这三项涵盖面极宽的资本，即一切非物质的、虚的、无形的、构成资本内在属性的资本要素都是软资本。

概括与区分的必要

排除硬资本概念误导的需要。人们对资本概念的创造与使用，与当时的生产发展阶段相适应。此种资本观念延续到今天，在大多数人看来，资本主要是指使财富增加的物质要素。此种观念误导了创业投资的行为：一涉及创业则首先想到的是资金，把资金看做创业的第一需要。资本概念引导我们把创业投资理所当然地认定为投入资本，而资本又主要是物质要素。资本的物质性观念框住了我们的思维，限制了我们的头脑，束缚了我们的行为。

软资本作用日益凸显的需要。软资本应该说是自古有之。因为软和硬存在于同一事物中，任何事物都必然地包含软和硬两个方面，虽然可以相互区别，但通常是融合在一起的。比方说一套炼油装置，"硬"的物质形态中体现着炼油技术和工艺这个"软"的内涵。有这样一种现象：一个事物发展的过程越长，该事物中"软"的因素作用就越大。古人讲以柔克刚的条件是时间，最具代表性的是"水滴石穿"。"软"因素在时间的延续中作用凸显。20世纪初，管理重要性的突出是一个标志；第二次世界大战后的半个多世纪，以知识技术信息为代表的"软"因素在经济中的作用，震撼了人们的头脑，更新了人们的观念——资本不仅"硬"，而且"软"。这"软"比"硬"还"硬"。这是在区分"软"与"硬"中突出"软"的作用。

建立一个"新"资本概念

软资本对经济增长的贡献超出了经济中的物质要素。劳动生产率不再是物质资本的相加与劳动数量的投入，而是知识的创造和转化、获取知识的质量与效率、处理信息的手段与能力。经济生活出现了一道靓丽风景：一种新技术的应用创造了一批新企业，产生了一个新行业，出现了新一轮经济增长。软资本的作用如此之大，以至这个独立、新颖、准确的软资本概念理应自然产生。

但是，还有一种资本，是既区别于硬资本，也区别于软资本的资本，是比软资本更"软"，更具有资本性质的资本，是在创业投资的全部过程之中起主导作用、超越软与硬两种资本之上、渗透于两种资本之中的资本。这种资本是什么呢?

特殊的资本存在

资本不论"软"、"硬"都是创造财富的要素,按照项目组织所需要素叫做创业。迄今为止没有人不是这样来认识与实践的。然而,实践与认识的反复,成功与失败的交织,经验与直觉的重合,一个项目一个项目追究,一个过程一个过程挖掘,层层剥皮、追问到底,问到不能再问下去的地步,另外一种资本就会浮现出来。

事实的启示

有多少创业项目失败的原因主要不是因为缺少资金,存活下来的也主要不是因为资金充裕? 企业的失败是因为缺钱吗? 中关村一家初创的公司,拥有一项填补空白的技术,争取到了科学技术部创新鼓励基金 200 万元,还得到了几百万元的股金。公司闹腾了半年,产品没弄出来,大家散伙了之。那么多亏损倒闭的国企是因为缺少资金吗? 它们在银行的呆死账和从股市圈去的钱有多少万亿元! 但还是照旧亏损、倒闭、摘牌。

企业的成功是因为有钱吗?《美利坚合众国演义》讲述了 100 家美国企业的发家史:摩根、洛克菲勒、福特、通用电气等个个都是从小做起。松下幸之助年轻时因身体不好不能上班,不得不在家里做电器开关。中国人从当年的晋商到今天的浙商,从李嘉诚到王永庆,哪一个不是白手起家? 事实证明:决定创业成败的首先不是资金,主要不是资金,起决定作用的更不是资金。

第三章

要素资本的灵魂

成败的透析

在追究成败的终极原因过程中得到的启示是，任何创业的结果都是成功与失败的混合。失败的企业在创业过程中的某个方面、某个环节是成功的，在它失败的结果中事实上包含着许多成功的因素。成功的企业，在通向成功的道路上必然经历了许多失败，在成功的结果中可能潜藏着许多失败的因子。

在新企业的发展过程中，阶段性失败的结果却包含着许多成功的因素。阶段性成功的结果可能已经潜藏着许多失败的因素。任何一项投资，任何一个创业，任何一个企业，在任何时候都同时存在一个既决定成功又决定失败的东西。这个东西是什么呢？

在关键中觉悟

但凡谈论创业、企业、投资，使用频率最高的词汇莫过于"关键"。你能说哪个不是关键吗？市场不关键吗？技术不关键吗？功能不关键吗？质量不关键吗？人才不关键吗？管理不关键吗？成本不关键吗？核心竞争力不关键吗？老板素质不关键吗？企业文化不关键吗？现金流不关键吗？决策不关键吗？

比如营销是关键。销售的背后是产品的质量和功能。那么，质量和功能是关键。可质量和功能的背后是技术成熟程度和工艺条件，是装备水平和人的素质等。营销的基础还有价格，价格的背后是成本，成本的背后是方方面面、点点滴滴。企业是一个系统。在整体中寻找关键是一种错误，认定其中某一个因素是关键是思维不彻底的表现。罗列或认定创业或做企业有多少个关键，等于什么都没说。

真正的关键是什么？关键之多迫使人去思考、去求真。既然都是关键，可以肯定都不是关键，这是结论一。既然都不是关键，就一定有一个真正的关键，这是结论二。那么，这个真正的关键究竟是什么呢？

灵魂资本的显现

从创业过程看

创业投资是成功与失败始终相互融合的过程。成功与失败是过程的断面，是多种因素在一个时空点集合而产生的现象。所以成与败都不具有独立性，因此也就都不具有永恒性。不具有独立性与永恒性说明什么？说明成与败本身不具有自主性和真实性。不具有自主性和真实性又说明什么？说明它一定是被决定的事情，决定性因素必定在这个过程之外。

从创业要素看

大家谈论的创业成败的关键，都是企业存在的要素。罗列之多说明都不是真正关键的，同时证明着真正关键的存在，隐示着这个真正的关键只能在要素之外。这样，思路必然被理性引导至另一个出口：企业从无到有，自始至终都被一个外部力量决定着。

一个深藏不露的幽灵

事实的启发，对成败的透析，对关键的觉悟，会把思维引向过程与要素之外。一个"创"字，把"业"与这个行为的主体"人"连接起来，人的灵性就渗透到"业"中，"业"就成为人的灵性的载体。

"灵"决定"业"的一切：存在、配置、组合、效能。

"灵"赋予"业"以生命：孕育、出生、发育、成长。

"灵"决定"业"的过程：寻根、模拟、运转、渗透。

"灵"决定"业"的结果：成功、失败、生存、死亡。

这个深藏不露又无处不在的"幽灵"，也就是创业投资中的"资"，叫做"灵魂资本"。

创业当然不能排除资本要素。但是，从时间顺序上看首先需要的不是资本要素；从重要程度上看主要不是资本要素；从对投资成败的决定作用上看则完全不是取决于资本要素，而是一切资本要素的灵魂即灵魂资本。

灵魂资本的定义

灵魂资本是最具资本性质的真实存在，以这个存在的证明为前提，定义灵魂资本是：对创业特殊规律的理解和运用；表现为创造与整合资源，驾驭资本要素的能力；落实到对具体项目的理解通透和把握上。为了区分以往的资本概念，给它取名"F"。

灵魂资本的特性

灵魂资本是一个真实而隐蔽的存在。这个真实存在不同于任何其他形式的资本，是看不见、摸不到、没有外在形态的资本，但它真真切切地存在于创业的全过程之中，深藏不露却可以被人感觉得到。

灵魂资本是一个独立而特殊的存在。灵魂资本是独立于要素资本之外，超越要素资本之上，渗透于要素资本之内，对要素资本起统领主导作用的一个存在，是全部资本要素的"魂"。

灵魂资本是最具有资本性质的资本。灵魂资本对于财富增加与财富创造而言最具有"资本"的性质。以往多种形态的资本都不具有这个属性，它们对灵魂资本而言表现为资本的要素形态，即资本要素。因为离开灵魂资本，什么就是什么，而不是别的什么。机器就是机器，技术就是技术，信息就是信息。

灵魂资本的内涵

灵魂资本的内涵是创造性整合资源的资格。把项目所需资源简单相加是资源组合。整合是创造的功力，即发现资源之间别人没有发现的联系；发现现有资源新的功能和用途；发现现有产品功能中的缺陷与不足；把看似不相关的资源进行复合而产生新效用；把各自独立的利益关系联系在一起而产生新的利润点；把自己可借助的各种优势集中在一点而实现某种市场突破；在成长的产业链中找到缝隙与薄弱环节；对潜在的具有商业价值的元素进行挖掘、改造和提炼；在开阔眼界、改变视角的前提下探索新模式、新业态和新手法；对社会发展趋势与必然走向敏感等等。

灵魂资本的表征

灵魂资本的表征是通透和运作项目的能力。通透，是由此至彼中无阻隔以达，是穿过所及，至全、至遍、至彻底以晓，是对认识对象的彻底通晓。通透的对象是项目，要知道它的来龙去脉与产生的根据；要通过解剖发现它的内部构成；要在对其相关要素的考察中发现其构成中最关键的部分；要通过探索实现对关键的理解；要通过最小规模的探索知道要素由静止到运动、由孤立到联合的状况；要设置必要的试验程序以达到能够把握的程度。

没有通透就一定没有成功。只有通透，才能发现切入项目的门径而看清运作的过程；才能使复杂变得简单而抓住生存的关键；才能知道需要资金数量而渐次投入；才能知道目标市场而预见前景。只有通透，才能使项目的一切得以显露，才能做到底气充足、目标坚定，全力以赴、不遗余力，一门心思、一干到底，直到项目成活。

灵魂资本，通俗的理解为：创业所需要的资格、本事、能力。准确的解释为：促进资本要素的匹配与平衡，整合资源优势，创造资本生命的潜质、力量和能量。这种潜质、力量和能量对财富的创造与增加而言，是最具有资本性质的资本。

第二节　灵魂资本的作用和意义

灵魂资本 (F) 的存在让创业者懂得，创业投资中的"资"应该是什么，只能是什么，必须是什么。知道了这一点，就拥有了一个全新的超越传统资本概念的资本观念：创业，是投入一种以智慧为底蕴的能力，是启动一个能量与潜质的开关，从而把积蓄资本的目标提升到自己智慧的高度，把创业实践的过程升华到自我再造的凤凰涅槃境界。

F 对资本要素的作用

F 是怎样对要素资本发挥作用的呢？老子讲"万物负阴而抱阳，

冲气以为和"。这里用"冲和"来解释 F 对要素资本的作用。

冲和的主体、对象和内涵

创业者好比是茶壶，是冲和的主体；项目好比是杯子，装着项目要素——茶、冰糖、菊花，它们是冲和对象；F 好比是水，是创业的智慧，是冲和的内涵。冲和，就是人通过 F 对要素发力、释放能量。作用的结果用水来类比：水作为一种介质与其自身的冲击力、温度、时间等一起，使要素相遇而和，生化成新的结构体。

冲和的对象。冲和的行为主体是创业者，是 F 的承载体。冲和的对象是要素资本。在主体与对象之间，是冲和的内容——F。F 作为冲和中的一种"力"作用于对象。广义的冲和的对象是存在于自然界与社会的特定环境条件和物质条件，是人类文明的沉淀和积累。狭义的冲和对象是具体的创业项目所要求的那些资源与资本要素，是特定的软资本和硬资本之和。

冲和的作用、过程和结果

冲和的作用。F 作为冲和的内涵，是注入资本要素之中并赋予其生命的灵魂，是促进资本要素匹配与平衡的一种力量。这是一种力的作用，是创业者向资本要素的发力及释放的能量。这种能量就是整合要素资本的能力，融合资本优势的能力，在整合、融合的过程中艺术般的创造能力。这种能量类似化学反应中的温度、压力和媒介物。有了这些，就能够改变两种不同分子的结构，就能够化合成一种新的物质。

冲和的过程，是对要素的提升和优化。各种资本要素因其性质、功能的差异而各不相同。要融合它们，必然会产生由差异引起的摩擦、碰撞、不合作、不兼容，甚至激烈的冲突。然而，正是这样的过程才是结构重建的条件，即要素之间汇集、融化、补充、渗透的条件。如果站在已经建立起来的新结构的角度看，这一过程正是对冲和对象的优化和提升，也是对要素成分的选择、分离，即对优质的提纯与对劣质的淘汰。

冲和的结果。冲和是诸多要素之间相遇而合，进而生化成新的统一体，生化为新的结构形式，生化出有灵魂的企业实体。它本身即是一种创造过程。创造是投资的高境界，而冲和的思维与冲和的实践，是撞击出创造火花的燧石，是创造得以发生的源泉。这是因为，任何创造都必定根植于已有的历史，即人类文明的积淀，而对要素对象的选择、取舍、排列、组合，这不正是一个新生命诞生的过程吗？

冲和是创造发生的路径

冲和即创造。冲和源于要素本身所具有的"和"的天然基因，即天地万物具有源于自然的"和"的内在倾向。这犹如天地之和生万物。从科学的发现到新事物的产生无一不是天地万物具有"和"的内在倾向所致。从这个意义来看，由冲和引发的创造，正是对自然积极和自觉的顺应，正是对人类文明的采集和利用。这是人与社会、人与自然相互关系的最根本之点。

所以，用冲和的观点来理解 *F* 资本对资本要素的作用，证明了 *F* 对要素的冲和是企业生命孕化的根据，是企业生命力永恒的源泉，是创业成败的决定性因素，是创业所必需的基本路径。

F 对创业实践的意义

F 告诉我们什么是真正的资本，创业投资是要投入一种什么资本，由此产生对投资实践的全新理解。

F 与软、硬资本的区别

物质作为资本的性质是外在的、明显的，而 F 资本作为资本的性质是潜在的、不明显的。物质资本本身并没有增值的本事，相反，在时光的打磨下价值趋零。F 本身具有增值的巨大潜力，在运用中价值非但不会消失，反而会趋向无穷大。

任何形式的软资本，不论是技术、信息还是知识，其本身都不具有增加财富的能力，都不是现实的可增值的资本，对价值的增加而言都只是一种要素，即软资本是以要素或资源形式存在的资本，是潜在的、可能的、将来时的资本。而 F 是超越软资本之上的资本，是统领和驾驭包括软资本在内的一切资本形式的资本。作为要素的软资本只有在 F 介入时才是现实的、能够产生价值的资本。

矫正知识经济的误导

当人们发现并强调知识对经济的作用时，便把知识与经济直接联系在一起称作"知识经济"。这对突出知识的作用无妨，但这样直接地把两个概念联系在一起是经不起推敲的。

经济本身包含了知识。从古代的"经世济民"，到严复用"经济"来翻译"economy"，都给予了经济新的含义：不论是"管理国家的收入"，还是"生产、交换、流通、分配"，都有知识的存在和知识的运用。经济是包括知识在内的资本要素组合的增值运动。

知识中没有经济。知识不能成为可以独立增值的经济。"知识经济"之说引导人们把知识本身看成经济，使人以为只要有了知识就可以"经济"了，凭专业知识就可以创业了。于是有人仅仅依靠自己的专业知识创业，投资人也看重创业者的工科背景及包装和演说，通常的结果都证明：同知识本身代替不了经济一样，专业知识代替不了创业的真正本事。

从知识到经济的转化。知识与经济间至少有三个转化：一是知识到技术的转化；二是技术到产品的转化；三是产品到市场的转化。这是三个绝对不可逾越的过程，这三个过程的艰难程度往往不亚于知识本身的创造，越是高新的尖端技术，转化所需要的条件就越多，这个过程就会越长。

知识经济掩盖了完成转化的关键力量。是谁来完成知识与经济之间的转化过程？是 F。知识变成经济的关键是什么？是 F。F 是完成这三个转化的能力——从知识成熟到应用、到传播的能力。比尔·盖茨曾说微软的几千亿美元都在他的脑袋里，于是人们把他脑袋里的东西看成是软件，这是不对的。软件价值是由流通数量决定的，创造流通数量的是把软件市场化的能力，是商业才干和商业手法，比如把应用软件捆绑在视窗上。

提升创业投资的境界

F 对创业投资的作用首先是确立一个观念。观念可以改变历史的轨迹。F 观念能够改变创业的轨迹，对创业者则改变人生的轨迹。比如，冲和观念可以提升创业思维的境界，使得看似毫不相干的要

71

素之间，有了联系及融合的可能。这是思维活动的全方位开放：多方向、多角度、多渠道。思维的拓展可从以下五个点受到启发：

跳出去。当你专注某一项目的策划的时候，可以有意识地冷却、搁置一下，保持一段距离，以便从必然产生的思维定式中跳出去，用局外人的眼光来审视它。就像飞向高空的鹰，自上而下地、多角度地俯视它。

倒过来。把人们习以为常的创业过程的顺序颠倒过来。比如正常的顺序是：研发—建设—生产—销售。我们不妨从销售终端开始向前推进，这样的思路和结果会大不一样。

抓核心。这是从中间突破后再拓展。一切软、硬件的要素通通暂时抛弃、存而不论，只选最核心、最关键的事，全力以赴抓住命门，不遗余力地做好做成，以此为中心逐渐解决其他问题。

全抛弃。把一切正常程序所需要的硬件抛弃掉，不论是实物还是服务，不是自己去干，而是设计出来、委托出去。自己只抓两头：要么是技术与设计，要么是网络与终端。

逆思考。对自以为满意的计划，从头到尾对逐个环节和相关问题进行否定。在否定中重新搜寻可以肯定的有着落的因素。思路在此过程中更新变换，新视野就会产生新感觉、新发现。

知道 F 积蓄的方向

F 的观念揭示了创业的本真是创造力、投入积蓄的智慧和能力。有了这样的观念，对如何积累这种资本就有了方向。方向是在自己的脑袋里，是开发自己脑袋里的资源。把时间、金钱、精力指向脑袋，在脑袋里完成资本积累。积累的目标是获取创业的资格。积累的过程是注意力与实践的结合。注意力是至关重要的，实践体验更是绝对不可替代的。把注意力和实践结合，在注意中实践，在实践中注意，积蓄的关键——"悟"就会产生。

"悟"的产生是实践与注意的持续。在逻辑上可能不相干的东西在潜意识的领地相遇碰撞。于是顿悟了——突然醒悟了；于是灵性出现了——突然一个念头浮现了；于是领悟了——突然发现原来事情是这个样子的。"悟"的发生可能是直接感受了某个现象，也可能看上去是无缘无故的。共同的真实是：直觉的产生总是与你所思、所想、所关注的事情有关。就是因为这样的注意、这样的实践、这样的观察、这样的思考、这样的直觉，脑袋的资源在开发，思维在改善，能量在积蓄。如果把它指向一个具体的目标，就转动了能与力的阀门。

书本知识靠"悟"融入自己的思想中。人们对世间道理往往不是不知道而是做不到，根源就是在知道与做到之间少了"悟"的过程。由于缺少了"悟"的过程，已经知道的知识却没有真正移植到自己的头脑之中而转化为自己的意识，就成为了事实上的不知道。学而不悟是可怕的，悟而不做是可怜的，而只学不悟又不做，必然为老子的"为学日益，为道日损"的论断提供事实的注解。

总之，"悟"是积蓄的关键。"悟"的方式就是在思考中体验，在体验中思考。这样的过程只要能够持续，接近事物本真、领会创业之道的直觉就会产生，就会生根，就会转化为实践而成为能力，创业所必须具有的 F 就能生成。

73

发明的发明

有一个人从字典里随便找三个名词，然后想办法把这三样东西合成一个新东西。每天他给自己五分钟来做这件事，做不成就算了。

一年下来他竟有250多项发明。在这些发明中，最重要的是"多国语言翻译机"。它的功能是：你向机器里输入日语（如果是日英翻译机），这个机器就会自动发出相应的英语声音来。它就是把字典、声音合成器、计算机这三个名词进行组合而产生的。

它的功能与现在许多人的计算机里的翻译软件"词霸"很类似。这项发明是在他留学美国期间做成的，以一亿日元的价格卖给了夏普公司，得到了他的第一桶金。这个人就是著名的日本软银公司的创始人孙正义。

延伸思考

1. 列出你所知道的资本形态。

2. 为什么说 F 是一种独立的资本形态？

3. F 与要素资本的关系及其作用是什么？

4. F 对创业实践的意义是什么？

Entrepreneurship

第四章

灵魂资本的生成

第四章

灵魂资本的生成

像沙里淘金一样，从创业实践中淘出了灵魂资本；像百炼成钢一样，靠思维的高温炼就了灵魂资本。它是一切资本要素的灵魂，是具有灵魂性质的资本，故称之为灵魂资本——F。

F 的内涵由三个部分构成：一是把握项目的能力，即通过对具体项目要素的通透，实现要素间联系界域的创新，完成运转需要的平衡。二是献身创业这个事业的心力。投身创业的终极目的影响创业整个过程的价值层级，是影响创业的根本动力。三是迈进门槛的资历，是指投身创业之前的积累，它是对创业结果起着基础和决定作用的基本素质。

F 是怎样产生的？如何在创业的实践中铸就它？首先是对人生目标的自觉与设定。其次是用心的实践。最后也是最重要的是：要懂得创造发生的触点、支点和过程，因为创业中的一切问题都没有现成答案，都需要创造的能力。

第一节　灵魂资本的构成

灵魂资本（F）的三个部分是由表及里的三个层次：把握项目的能力好比是一把刀的锋刃，献身事业的心力是锻造这把刀的钢，而迈进创业门槛的资力则是刀术，三者相互联系，浑然一体，构成 F 资本的内容。

把握项目的能力

当人们谈项目的时候，通常会问要投入多少资金。会干，投几万元就能够运转起来；不会干，投 100 万元也可能血本无归。什么意思呢？要搞成一个项目，就要对项目彻底通透地把握。就对项目的把握而言，包括相互关联的三个层次：通透要素、界域创新和资源平衡。

通透要素

这里的要素是指一个特定的项目所包含的不可再细分的元素。项目不论大小，都注定含有若干相关构成因素。介入这个项目，就必须对构成该项目的每个相关因素都有深入详尽的了解。不论是直接的还是间接的，表面的还是潜在的，都要做到心中有数。不可以其昏昏，使人昭昭；掉以轻心，投机侥幸；浅尝辄止，盲目冲动；似是而非，一知半解。创业之于个人同国家用兵，死生之地，存亡之道，不可不察也。

有时，对相关要素彻底地通透并不容易，但对主要的要素必须搞明白。比如做产品，技术和市场最重要。对技术，则要弄清先进与否，成熟与否，与核心技术匹配的技术是什么，与技术相关的工艺、设备、工具是什么。这些关系到技术转化为质量与功能的条件、在制造中标准化的可能、产品的附加值、投资金额的大小、时间的长短等等，进而关系到整个创业计划的制订。所以，对项目要素的通透是一种资本。

界域创新

项目所包含的诸要素之间有关联、交错与重合。这些关联、交

第四章
灵魂资本的生成

错与重合的地方就形成一个特殊的"界域"。一个项目有几个甚至多个这样的"界域"。界域是指独立要素之间相互连接的交会点。

界域有大有小。终极元素的连接是小界域，小界域之间的连接是中界域，中界域之间的连接是大界域。什么是界域？比如，把电应用于布匹的切割，在电与布匹的联系中产生新工具，这个工具是小界域。把聚乙烯和橡胶化合而产生不同用途的树脂型号，化合所需要的工艺条件是一个中界域。科技成果与商业运作的结合部，优势互补而产生的合作内容，网站连接生产与销售产生的平台等等，是大界域。

凡是独立要素之间有相互结合的地方都会产生界域。界域有时是对已经确定的项目而言，既然项目已定，要素自然成为界域元素；有时是对项目的选择而言，可以从要素出发去创造界域，也可以从假定界域出发去选择元素。

界域是创造发生的地方。项目本身的差异决定了要素的差异，要素的差异决定了界域的特殊性，界域的特殊性决定了任何界域的产生都是一种创造。哪怕是完全相同的要素的组合，都会因时间、地点、规模的不同而产生新的界域。比方说成本，是一个由多种要素构成的界域。但是，同一个服务项目或同一种产品，由不同的人来做就会有不同的成本。同样一个人来干，在不同时期会有很大差别。所以，界域是创业者发挥创造力的用武之地。

界域的地位和作用。界域在把握项目对象中有承上启下的作用。承上，是界域对项目要素而言，它赋予要素新的活力与生命，是要素的深化与升华，决定于对要素的了解，了解得越多、越深、越透，创造力的发挥就越有丰富的思维材料。这是界域对要素的依赖和承接。启下，是界域对资源平衡而言具有直接作用。

资源平衡

平衡是指对界域间资源的协调。界域之间的资源协调是运转的条件，而运转是项目成活的标志。它们的时间顺序与内在的逻辑为：界域—平衡—运转—成活。可见，资源平衡中的运转是建立在界域之上的，平衡是对运转及企业的成活起着基础作用的环节，也是能否把握项目对象的最终体现。

平衡是运转的条件。运转是创业的最直接目的。人的生命在于运动，企业的生命在于运转。讲创业园有多少个关键要素，失去运转一切都无从谈起。而运转本身就是各个界域间资源的平衡运动，离开平衡，重点是没有意义的。这是因为企业的所有要素及其界域都不能独立发挥作用。这就像一辆汽车，发动机再重要也只能在系统的运动之中发挥作用。大家都知道市场重要，一个新产品投放市场时做了广告。如果产品功能还存在缺陷，广告就等于告诉人们这个产品不行。小的不平衡会造成资金的浪费，而大的不平衡会导致系统的崩溃。比如，生产规模与市场开拓的进程失调，资金压在生产环节，现金流中断了。

平衡的重点是补板。补板是指发现并补足系统中的薄弱环节。比如，产品被仿冒了，不可被仿冒的包装就是销售的命门。再比如，一种产销两旺的产品，运输成了问题，运输就是最短的一块板，应该要像救火一样补救它。但是，为平衡而补板是管理的日常行为，管理者要在对界域通透、创新合理的基础之上发现惯性，把惯性确立成规则，把规则表现为标准——目标、职责、评价等。这些被管理学称为管理基础。

献身事业的心力

利己是人与生俱来的本性，它归根结底源自生存的需要。但人生活在群体之中，利己博弈的重复教育了人们：单方的利己是行不通的，互相帮助更有利，帮助别人就是帮助自己。于是产生了群体中利他的行为准则。企业是人的放大，在与社会的交往关系中，利己与利他是统一的，并且利他是利己的前提。这是办企业必须首先解决的根本性观念，是需要想通并贯彻的行为原则。它影响创业的全部行为并最终决定成败。

利他是通向成功之路

利他与利己何为目的，何为手段？做企业的人要么徘徊于两者之间游移不定，要么把利他理所当然地看做是利己的手段，所有利他的表象都隐藏着利己的真实，由此决定了利他的行为总是做得不好，至少是不一贯、不彻底，致使在观念上困惑其中，在行动上左右摇摆。到底利他是不是企业目的？如果是，那么利他的真实性、合理性究竟在哪里？

利他的真实性与合理性的根据是利己的普遍性。单个人或团体的利他是相对众人的利己，是对众人利己的尊重与认同，是对人的利己本性的适应。适应利己就是顺应大势中的大势。这就是把事业的发展扎根在人性和无限需求的沃土之中，从而获得无限成长的空间。所以，利他的真实性的基础，正是人的利己本性，利他的合理性的根据，正是个体对群体的适应。

利他是人与社会最根本关系中的最高行为准则。人与社会有着多种关系，最根本的是两个字：适应。这是经历了许多的成功与失败、痛苦与挫折的人们得到的确凿结论。道理是简单的：社会太大，个人太小；社会存在的时间太久，个人存在的时间太短。社会的大与久是巨大的存在，一点改变也要靠社会自身的力量，也要数十年的时间才可能显现。这就是只能适应的理由。适应什么？人的利己本性就是一切存在的根源，它根植于人的生存本能，根植于天地交泰的自然，巨大且恒久。它决定了社会的本质是人与人之间以利益为纽带的相互关系的总和，决定了要适应的正是这个存在。如何适应？积极的、有效的适应是从主导思想到行为原则都要贯彻利他。如何才能利他呢？充实、累积、提高自己的能力以能够为他人创造利益，并在这一过程中实现自己的利益。创业是实现这种关系的集中体现。利他，当然地成为创业的最高行为准则。

利他是商品经济原则的人性基础。商品经济原则是为了实现自身的利益，必须为社会、为他人创造一种利益；为了满足自己的多方面需要，必须为社会、为他人解决一种需要。它规范的个人与社会关系的原则概括为一句话：利己应先利他。这一原则恰恰是以人的利己本性为基础的。

利他是实现利己的行为过程。创业者行为的初始动机和最终目的是利己。在这两点之间的一条线是创业过程，全部创业行为都是在这一过程中实现的。而这一过程成为利他的过程，是由人与社会的根本关系决定的，被商品经济的规则制约，是实现利己的必由之路。利他与利己的统一在创业的行为中是这样的：在利他的主线两侧并行着两条线。一条是在利他的进程中逐渐实现利己：利他—利己—利他—利己。另一条是在利他的进程中不断完成利己层次的升级：生存—富有—社会责任—自我价值实现。两条线在终点交会：高层次的利己与高层次的利他二者的和谐统一，即自我价值实现与对社会贡献的统一。回头来看，利己与利他原来是一码事，是一个问题的两个方面：利他才能利己，利己必须利他。

利他是最高级的利己行为方式。人的利己行为的方式可归纳为五个等级。（1）最低级：损人不利己。这种人的利己总是以损人开始，以害己告终，属于人中的"呆傻痴"。（2）低级：损人利己。这种人的利己是以侵犯别人的利益来实现自己的利益，属于人中的"坏人"。（3）中级：不损人而利己。这种人的利己是以不伤害他人为前提，在人际关系中奉行独立原则，属于人中的"老实人"。（4）高级：利人又利己。这种人的利己行为总是寻找交往关系中的利益共同点，谋求双赢互利，属于人中的"精明者"。（5）最高级：先利人后利己。这种人的利己不为人所感觉，在交往关系中习惯为他人考虑并有一定的牺牲精神。在利益的平衡上愿意向别人倾斜，把能为别人做点什么看做自己的责任，并从中获得快乐与满足的自然回报。这种人是长远、稳定的精神与物质利益的获得者，属于人中的"智者"。五种人的动机和目的是相同的，差别是行为方式不同，结果则人相径庭。前两种行为方式决定了他们总是事与愿违，无立足之地，最终丧失生存的权利。中间一种行为方式是洁身自好，注定难成大事。后两种行为方式，必然是能有所作为的。创业者应该是后两种方式的实践者。

结论：利己的动机要通过利他的行为来实现，利他的一贯与彻底是创业目的与手段、动机与效果的统一，是从人与社会根本关系上把握行为的表现，是理解创业的最高层次的思想水平。

利己是对创业目的的背离

对于创业目的有两种结论，一种是获取利润，这是利己的目的；另一种是为消费者服务，这是利他的目的。人们似乎没有注意到它们之间的对立，不仅仅是语言逻辑上的二律背反，更是实实在在的存在于创业行为的方方面面。创业的目的是赚钱。但稍加思索，不论从哪个角度；稍加观察，不论是古今中外；稍加追问，只要一两个问题，赚钱作为创业的目的就显得有些浅薄。让我们以赚钱为出发点追问下去就会有一个令人信服的不同结论。

利己正是创业失败之因。在数不胜数的创业行为中，有的人费尽心机、绞尽脑汁，满世界寻找简单、快捷的发财之路，今天干这个，明天干那个，个个浅尝辄止，件件半途而废，十几年如一日地忙碌。有的不择手段、侵权造假，甚至谋财害命。有的为了丁点小利，就打打杀杀、黑道白道。有的在创业进程中，顺利就干，一有挫折就溜之大吉。有的赚了点钱，便得志猖狂、挥霍张扬、吃喝嫖赌。有的经过一番拼搏有所成就，面对金钱就迷茫、困惑、忘乎所以、无所适从。有的跟风跑、追泡沫，看见人家赚钱就贸然闯入。有的在企业身子骨还未长成时就追求大规模、高速度。有的还没打过一次仗就要当军长。凡此种种，要么终无所成，要么小成则安，要么成而又败。究其原因，从直观的角度来看是林林总总。仔细想来，在这些现象的背后有一点是共同的，那就是把赚钱看做创业的全部、唯一和最高目的。在这个目的的驱动下，赚钱的强烈愿望置换了理性，赚钱的迫切心情驱赶着明智，燃烧的赚钱欲望压迫着冷静。在此种心态下，怎么会从个人与社会的根本关系中理解创业的真谛？怎么会体会创业中的规律？怎么会耐心地去打造项目优势？怎么会清醒地发现自己与社会的结合部？怎么会正确选择能量的切入口？怎么会制订出创业的长期规划？怎么会立足长远、脚踏实地？结果是纯粹的赚钱目的所支配的行为导致了赚不到钱。即便赚到了钱，也没有事业持续的根基，如同我们经常见到的：赚到了钱就迷茫与疯狂，赚不到钱也迷茫与疯狂。

为消费而生存是病态的人生。假如把赚钱作为创业目的，当然可以追问一句：赚了钱干什么？当然是消费，但仅仅为消费而生存的人事实上是不存在的。道理很简单：人是不能不做事的，人可以忍受简单的生活与繁重的工作，就是不能忍受无事可做。如果一定要让谁什么事都不干则等同刑罚，可以使人发疯。休息对工作而言是必要的，但纯粹的休息是无法忍受的。既然如此，赚钱本身就不能成为人类活动包括创业的终极目的。

为目标奋斗构成了生命的全部

把赚钱当做创业的目的，把钱的数量确定为目标，那是因为你还没有达到这个目标，一旦达到了这个目标，新的目标将会随之产生。你可以说我不要新的目标了，到此打住。那就回到上一个问题，目标实现之日，就是空虚、迷茫、失落、烦躁、疯狂到来之时。

人到底为什么活着？说到底是为目标活着。为目标奋斗构成了人生的全部内容。创业是对人生目标的自觉选择，体现了自主、自立、自强的人生价值观。确立这个目标获得的是掌握自己命运的神圣感，在为目标奋进的过程中，得到挑战的刺激、战胜困难的乐趣和成功的满足。幸福是什么？说到底就是一种心理感觉。从物质享受中得到的满足是短暂与递减的，从追求目标的努力中得到的满足是新鲜与持久的。

迈进门槛的资力

冰山不为狂风巨浪所颠覆，因为它庞大躯体的 7/8 隐藏在海平面以下，不管风吹浪打，它都坚实地扎在深海之中。生命的航船一旦进入创业的水域，就像一声发令的枪响，蕴藏在身体内的潜能就会被调动出来产生爆发的力量，直到超越极限。长跑能否坚持下来取决于你的体能。在创业的万里长征中基础的东西是重要的。把握项目的能力是刀锋，锋利与否则决定于钢。创业者的素质是钢，是基础资本，是构成 F 的重要部分。

基础资本源于生命的长河

基础资本从哪里来？它好比日夜流淌的江水，浩浩荡荡，因为它有源头。源头只是一条溪流，行进中汇入了来自山川峡谷的水流，才有了川流不息。在迈入创业的门槛时应该具有的东西，也应该追溯到生命的源头。生命如同溪流在时光中流淌，在行进中不断地汇入了许多东西：知识，对世界的理解；智慧，认识社

第四章

灵魂资本的生成

会的能力；品格，与人交往的诚实守信的行为准则；自信，为理想奋斗的勇气；机智，处理问题的灵活与变通；善良，在亲情友情中懂得关心别人；勤劳，吃苦耐劳去创造财富；务实，脚踏实地干实事，等等。

生命途中也会经历贫穷、苦难、打击、损失、挫折、屈辱、伤害、不公平。这些可以让人更加深刻地理解社会与人生，爆发出抗争的力量与奋起的冲动，造就无畏与勇敢，逼迫出人的潜能，打磨人的意志，培养人的坚韧。所谓基础性的东西就是这些。就是这些构成了人的基础资本。它来自生命的源头，来自生命溪流对人类思想文化的选择、接纳、吸收。一句话，基础资本这个资本源于生命的长河。

基础资本的可用性来自量的积蓄

基础资本对具体的人是稳定的。稳定是相对的，因为人是变化的，活到老，学到老，改造到老，变化到老。人总是不满意现在的自我，不断地否定、突破、开发与创造自我。整个一生都在为追求新自我而奋斗着。对基础中质的东西可以置换，即所谓观念更新。对量的内容可以积累，只有积累，质的一定量的集中才可能成为一种力量，才能干成一件事。这很像江河上的坝。发电需要有一种力来推动涡轮转动，而这种力来自水的落差，落差来自水的一定量的积蓄，积蓄来自生命之河汇入的能量，如同楼房的高度绝对地受到基础深度的限制一样。能量积蓄得越多，则冲击目标的力量就越大，就越可派上大的用场。这便是有意识积蓄的必要性。

人在其生命进程的某个时期拥有的能量是一定的，这就是个人

87

的历史局限。在知道了这一点后，创业者可以有两种选择：要么把历史顺延，有意识地强化积蓄，使其达到一定的量；要么量体裁衣，有多大的积蓄，做多大的事情，在创业的过程中继续加强积蓄。不论是哪一种，积蓄永远是基础资本。

原始的资本是火药和引信

对创业者而言，最重要的积蓄或素质是什么呢？把素质说得越多就越是挂一漏百。说得越多，似乎创业者就越成为高不可攀的完人，创业成了只可仰视却不可跨越的高高门槛。其实，创业的真正本领恰恰是在干的过程中锤炼摔打出来的。创业者在进入这个领域之前应该具有的东西是什么呢？"三桶火药"与"一只引信"，足矣。

"三桶火药"是指一个正常人都应具有的基础资本。首先是品格，即良好的人格形象。它是人与社会交往的品牌。没有它寸步难行，有了它一路畅通，影响力、感召力、带动力都源于这里。其次是实力，这里主要不是指有多少货币，而是指干事的能力，如坚强的意志、坚韧的秉性、坚定的自信、吃苦的习性、务实的作风等。三是心计，即思维能力，包括认识、处理、创造性地解决问题的能力。这三条是许多人都具有的，通常是处于隐藏状态而不具备充分发挥条件的资本。它需要一种力量来刺激、压迫、撞击才行。我把这个与火药相对应的东西比喻为"引信"。

引信是一个梦想。梦想可以很抽象，也可以很具体，它有时是追求自主、自立、自强的渴望，有时是必欲成就一番事业的烈火，有时是拼死与命运抗争的决心，有时是一个非常具体的目标。梦想燃起了奋斗的激情，激情积聚了能量，能量推动着事业的创立。

第二节　灵魂资本的打造

创业行为是个人适应社会最积极的行动。全部积累面对项目都要体现为创造力。这种能力是怎样产生的？依据规律意识，能力的形成是有规律可循的。依据理性精神灵魂资本（F）是能够打造的。打造这种能力是目标的设计、用心的实践和创造的发生。

创业的三个规律归结为实践。基本问题中的"魂"只有在实践中才能铸就，基本问题中的"根"是在实践中发现与确证的。创业基本过程的三个阶段本身就是实践过程。创业基本矛盾是创业对F的需要与F生成滞后的矛盾，解决的办法也只能是小规模的探索性实践。

目标的设定

有一首赞美骆驼的歌，歌词是："茫茫的瀚海，无尽的沙漠，走来了倔强的骆驼，任凭狂风在空中怒号，任凭黄沙在眼前飞落。翻过一座座沙丘，越过一道道沟壑。啊！倔强的骆驼呀，倔强的骆驼呀，行进、行进，黎明的曙光在它的心头闪烁。茫茫的瀚海，无尽的沙漠，走来了勤劳的骆驼，它没有孔雀的彩衣，也不学鹦鹉的喉舌，凭着顽强的性格，征服无尽的坎坷。啊！勤劳的骆驼呀，行进、行进，驼铃就是它心中的歌。"

歌词道出了人生的真实和境界。"行进、行进，黎明的曙光在它的心头闪烁。"这里，"黎明的曙光"是它行进的目标和行进的力量，正是这个力量才使它不怕狂风怒号、黄沙飞落，翻过沙丘、越过沟壑，跋涉在浩瀚沙漠之中。或许这黎明的曙光并不重要，"驼铃就是它心中的歌"，朝着目标行进、征服无尽坎坷的路程对它来说才是快乐的所在、美的享受、幸福的感觉、生命的真实。

没有目标就没有前进的路径

人们崇尚目标，因为如果没有目标，那么如何安排生活、怎样支配时间、心灵归宿何处、举手要做什么、抬脚迈向何方等问题就没有了答案。如果没有目标，路线怎么确定？需要做哪些准备？分几个阶段实施？有了目标才有路径，在路径的持续与延伸中才能有所成就。因为任何成就都注定是沿着目标所画出的路径不断努力的结果，这是生命的光与能的聚焦，没有聚焦何以有热量，没有热量怎能燃烧，没有燃烧怎能穿透！

选择目标是开创自觉的人生

一个人有了选择目标的意识，标志着把握自己命运的自主意识的萌生。许多人当初未必知道，这正是迈向成功之路的起点。若干年后，当你站在事业的巅峰回头看当初的选择时，便会感叹它的历史意义之重大。如何选择目标？选择就是创造个人切入社会的端口，找到个人与社会结合的点。

怎样才能够找到这个"点"呢？四个字：知己知彼。知己，就要清醒地审视自己的优势、强项、兴趣、知识积累与结构、性格与心理特征等。知彼，是对社会未来发展趋势的认识，即认识社会稳定的、恒久的、潜在的需要，特别是能够对潜在的趋势和需求有所敏感，这样会比别人快上半拍，当此种需求显露的时候你已经是有准备的人。可见，选择目标是对"己"与"彼"的认识过程，是寻找个体与社会相互连接的"点"的过程。

对目标的论证要详尽与充分

既然选择目标事关人生，必须以慎重态度对待，要经过一个充分的论证过程。在这个过程中，要舍得用几个月甚至一年时间，这是值得的。要严格地审视自己，慎重地判断社会走向，捕捉初露端倪的苗头。要静下心来调查研究，寻找事实根据。只有这样才能使"认识—判断—目标"坚实可靠，至少是自己心里踏实，对此确信无疑。

为了目标的可靠，可以选择必要的测试。只有这样，才会全力以赴地去实践它，才能在朝着它奋进的途中不犹豫、不徘徊、不动摇，才不会遇到挫折就改弦更张，才能一门心思干到底。有了目标要分解成几个中期目标，时间以 2~3 年为宜。这样，既可服务于最终目标，为最终目标奠定基础，又有了并不遥远的阶段性成果以及指日可待的局部突破。

向目标前进是意志的力量

意志是心理意识向行动的转化。目标的确立标志着这种转化的发动，标志着一个自觉行为的启动，像一艘航船出港，开始它向目标进发的航程。目标一旦确定，意志的力量对目标的实现起着决定性作用。

首先是抑制。它将拒绝一切可能的诱惑的影响；它将使你在对待为目标而失去的东西时保持达观。此外，它将制止你瞻前顾后，防止你的心志随风飘来荡去。总之，意志的作用是抑制心志和行动，保证目标成为你生命的纲领，统领你的智力，分配你的精力，安排你的生活。

其次是勇敢。在向目标前进的漫漫长路上，面对的是一个变化着的世界，有着许多不可预测的事情。由于目标的实施，你的生活将会随之改变。改变了的生活很可能与以往的生活习惯、交往关系、工作方式、生存环境发生摩擦碰撞与矛盾冲突。这时，意志的力量就表现为有勇气去调整它们，使它们与目标一致。勇敢更多地表现为克服前进中的困难。要懂得一条定律：前进与困难是同一问题，前进就一定会遇到困难，战胜困难本身就是前进。战胜困难需要意志，而意志的坚定又只有在战胜困难中才能完成。

最后是实力。实力与意志会有什么关系吗？岂止是有关系，意志本身就是实力，是实力构成中的重要成分。意志不仅是实力的成分，而且是乘数：实力 = 资源×意志。意志可以成倍地把资源的数量放大成为实力的源泉。意志还可以把你历史上沉积的有价值的东西挖掘出来，经过熔炼变成闪光的宝石，充实你的基础，增加你的价值，补充你的能量。

总之，目标和意志是不可拆分的。目标使意志得以产生，意志能生化出充满天地之间的浩然正气，这至大至刚的正气又坚定着、保护着并推动着目标的完成。

目标是创造力产生的动力

目标是想干什么、实现什么。理想中的结果与现实，与目前状况存在着距离，向目标前进是不断缩短这个距离。为了调整这个差距，通常的做法是把目标分解成若干的小目标。分解后的小目标将会更加具体而清晰，与现实的距离更近。调整与缩短这个距离就成为问题的全部。在这个距离中间，存在着许多矛盾和困难，解决这些矛盾与困难通常是没有现成方案的。

在目标与现实之间，思想的力量开始发挥前所未有的作用：思维被激励着，潜能被震荡着，智慧被集中着，知识被排列着，信息储备被组合着，设想被尝试着，关系资源被调度着。于是，问题不断地被解决，距离逐渐地被缩短。所有这一切，都是创造力在发挥作用。所以，目标是在向理想奔进的征途上激荡生命活力的源泉，是创造力得以产生的条件。

基辛格的成才路

克雷默尔为他策划了问鼎国策的人生目标。有了明确的目标，他开始造就自己的道路。

在哈佛大学，他阅读了大量的历史著作，研究了与核武器相关的科学与技术。通过对19世纪历史的追溯，他搜寻到了能够对20世纪的现实和未来具有借鉴的思想。

他写出了《核武器与对外政策》一书，影响了美国的外交与根本国策，为他在国际政治中发挥作用奠定了基础。

有心的实践

目标一旦确定，不可犹豫，不可胆怯。剩下的就是一个字：干。

创业中的事情如同世间一切事情一样都不知道怎么干。怎么才能知道怎么干呢？只要干就一定知道怎么干！创业之道的前提是实践，离开实践则一切无从谈起。老子说："上士闻道，勤而行之。"解决创业中的一切困难，积极的行动是唯一的选择，唯一的道路。

教育的无奈

F 的核心是创造力，创业行为都是特殊的，即便是成熟的项目，也是在特定的时间、地点、环境和资源条件下进行的。在运作项目的过程中，所有问题都没有现成的解决办法。学校的应试教育把受教育者引向接受现成答案，可以奠定专业知识的基础，多学科的基础可能成为产生创造力的条件。但是，经济类学科的课程对于理解社会经济现象、训练抽象思维能力有用，但对于创业与做企业没有实践性的培训。

即便是对于以讲案例为主的 MBA 来说，把实践拿到课堂上是进步，但课堂上的实践终归不是真正的实践，只能期待案例中的成功能在实践中得以激活，模式与模型能对实践有所借鉴。期待终归是期待，理论的深刻让人慑服，但震撼之后仍然是麻木，遇到较真的时候仍然是茫然。

唯一的途径

实践是打造 F 的"自古华山一条路"。实践的能力只能在实践中获得。知识可以通过读书获得，能力只能通过实践获得。知识离开实践就像花儿离开土壤而无以生根。驾驶汽车、操作计算机、学外语、写文章、骑自行车的能力，离开实践就完全无从获得。音乐家能分辨细微的频率差别，染色工能指出 20 种黑色的名称，这都是实践的结果。为了获得创业能力，只有主动地去经历实践的磨炼，寻找那些最困难、最害怕、最不敢做的事去做，勇敢地去尝试未曾经历过的事情。

用心的实践

并非任何对经济活动的参与都能够获得能力。哪个人没有过一些实际生活的经历？然而，人与人之间能力的差别之大会超出人的想象，这是为什么？差别在有心与无心。西班牙人有一句话："一个心不在焉的人，就是走过森林也看不到一棵树木。"有心的人或许没有很丰富的经历就能够有很深的体验。反之，无心的人经历了千辛万苦也是茫然一片。用心的体验、敏锐的观察、深邃的理解、经验的提升对能力的产生更为重要。"世事洞明皆学问，人情练达即文章。""洞明"与"练达"真是精彩，它描述的是用心的经历，是经历中的用心所能够达到的境地。

历练的土壤

实践是具体的，要有一件很具体的事情才能把心投放进去——有所用心。有一所"进修学校"名字叫做"打工"，它是在实践中学习创业的修业场。任何一家公司无论它做什么，都生存在市场经济的前沿；无论它的规模大与小，都是五脏俱全的实体；无论资金的多少，都是对资源的组合。这些对各种颜色的"领子"——金领、白领、蓝领而言就是历练的土壤。

有心的实践者首先是心态，以快乐、积极与开放的心态，把打工看做是学习的机会，把公司看成是一所学校。这所学校不是花钱去体会那些坐而论道者的么妙高深，而是借山修炼你的创业功夫。

有这样的心态，你自然会看重工作本身而不是薪水的多少。

特殊的目的

不论你处在哪个位置都要站在老角度看问题。思考企业中的一切，体会老板的用心，判断企业的得失，桩桩件件为企业着想。假如你认定了某个大势和自己的优势有结合点，打工就会有很强的针对性，充分地利用自己的眼睛和耳朵，像呼吸一样去吞吐，像蜜蜂一样去采集，像海绵一样去吸取。从大到小至细微之处，从窄到宽至相关方面，从现在到过去至它创建初始。在此间完成市场经济的洗礼，实现观念的更新、经验的积累、本领的提升、自信的增强。在此间体会做企业的艰辛，懂得创造的重要性，完成独立创业所必需的 F 的初级准备。

放飞小鸟，飞回凤凰

贵州省罗甸县逐年选派机关干部等到广东东莞和浙江温州等地，参加劳务输出锻炼打工的干部们开始都是干最苦、最累、最脏的活，如打包、拉车、搬运、擦皮鞋、看仓库等。有时弹尽粮绝还找不到活，副县长带着乡镇长们露宿街头。

打工回来的干部们学到了市场经济的游戏规则——怎样能发展就怎样干。他们中有的成了养殖大户，有的成了运输大户，有的创办了小型企业，有的学到了一门技术，有的投资公益事业，有的把濒临倒闭的企业救活，有的回到原岗位，把市场经济制度引进行政管理，进行制度创新。

罗甸县对干部的这种借地育才、回炉加工的做法，造就了市场经济的开拓型人才。他们认为，西部最匮乏的是观念，而改变观念的途径是在市场经济的前沿亲身打磨。

创造的条件

创造力的培养是教育所不能的。通过探索创造发生的过程，发现创造产生的条件可以获得创造的能力，通过创造的能力可以把不可能变成可能。

比如遇到具体问题时，首先弄清这个问题本身，透彻理解与之相关的问题，然后确定解决问题所要实现的目标，最后是创造性地思考——设计并细化 2~3 个方案并分别去做，做的过程一定会产生新的思维火花，做的过程一定会发现方案的某些可行与不可行之处，即便是都不可行，但如何可行的创造已经在产生的过程中。

创造产生于摩擦

这是对创造发生的瞬间、过程、条件的形象概括。这很像划火柴，摩擦的瞬间产生火花并引发燃烧，这与创造的发生何等相似！在摩擦现象中包含三个条件。

摩擦产生的三个条件如下：一是距离。摩擦是两个物体的碰撞。任何创造都有一个具体的问题、困难或矛盾，总之是具体的对象。这个对象就是目标与现状之间存在的距离，距离是摩擦发生的根据。二是实践。目标与现状这一对矛盾的摩擦是从实践中来的，是实践使问题、困难或矛盾得以产生，是实践把矛盾的双方——目标与现状拉到了一起，使创造对象得以产生。三是思想。摩擦的动作是受思想支配的。有目的的实践产生创造的对象，解决问题则要靠思想的力量，是思想调动一切经验和知识来解决问题。

摩擦是创造的过程。摩擦现象表现了创造的过程。摩擦的过程就是创造发生的过程。物理与数学的摩擦产生了计算机，生物与化学的摩擦产生了基因工程，冷气流与热气流的摩擦产生了雨或雪，工艺技术与质量及功能的摩擦产生了标准，计算机和计算机的摩擦产生了网络。所以，创造产生于摩擦，没有摩擦就一定没有创造。

创造过程的描述

有摩擦不一定有创造，通过对创造过程的描述，可以证明创造的最终决定因素是思想的力量。

创造发生的时序。创造的发生有先后顺序，即依次出现三个阶段：一是目标引发实践。目标使行动得以开始并产生实践。二是实践引发摩擦。相互对立的具体对象之间的矛盾碰撞产生摩擦点。三是摩擦点引发创造。摩擦点使时间、精力、体能、知识、技术、经验高度聚焦而点燃了思想的火花使创造得以发生。摩擦引发创造是因为摩擦引入了思想。这样，创造发生的完整顺序是：目标—实践—摩擦—思想—创造。

创造媒介的更替。在创造发生的三个阶段上，存在着发动、引导、介入的三个媒介。它们依次出现，各司其职后自行退出。第一个媒介是目标发动。它是创造的起点，是创造的发动者，是它把理想与现实连接从而引发了实践。第二个媒介是实践引导。实践的进程不断地遭遇、发现、寻找到矛盾，把矛盾的双方联系起来并凸现。第三个媒介是思维介入。实践把思维引导到这里，使思维介入具体的矛盾之中，使问题最终得以解决。

创造主角的推出。分析创造发生的过程发现，前两个阶段中的两个媒介，其作用是创造的准备与铺垫，它们的使命是使创造的目标得以产生，而不是创造本身的实现。能够在创造中起决定作用的是人的思维的力量。实践固然重要，但实践的重要是对思想的源泉而言的，思想的意义是对创造而言的。思想是创造的根源。

思想力量的支点

创造所需要的思想从哪里来？知识与经验固然是创造思维的基础，但是，是什么使得知识和经验得以裂化、分解与生成？

激情的催化。激情就是很强烈的感情。这种感情是强烈追求的力量。它来自对自己所从事的事业的爱，爱得深切、爱得投入、爱得忘我、爱得胜过生命。这种爱是知识与经验的催化剂，是开掘生命能量的助推燃料。这种爱能使思想聚焦沸腾，撞击你心头的别样感应，催发你细腻敏感的脑神经细胞，发掘出你平时意识不到的历史沉淀，推动你身心不由自主地捕捉寻觅。隐约的与清晰的图景交替浮现，创造的萌芽不期而至，完整呈现与准确传达的要求强烈产生。

心境的自由。植物的生长需要阳光，思想的生长同样需要阳光。思想的阳光是以感激之心对待这个世界，对待你生存的环境和身边的人们。用快乐的心情对待你的事业，把干事看做是丰富自己的乐趣，这样，就会建设成一个创造思维所需要的空灵的心理环境。

思想的自由。思想的自由是指头脑要干净、宽敞，给思想的飞翔留下广阔的空间。试想，若一个人脑袋里充满仇恨、恐惧、忧虑、烦恼，或为名利得失而不平，或整天忙着追赶新潮，把本来可以简单的生活变得复杂，让本来可以清净的头脑装进乱七八糟的东西，使本来可以怡然的心情变得浮躁，哪里还会有思想的自由空间，哪里还谈得上把思想的能量推向极限，从中获得创造的灵感。

自由，放飞思想的广阔天空

地球村中有一户叫德国的人家引人注目。人们经常穿越地域的空间注视那个神秘的地方。那么多思想大师、科学巨匠在那里产生：哲学家康德、费尔巴哈、黑格尔、叔本华，文学家歌德、海涅、席勒，社会学家韦伯，数学家高斯、哥德巴赫、黎曼，物理学家赫兹、普朗克、爱因斯坦，还有经济学、历史学、化学、生理学、医学等许多学科的顶尖级人物在那里产生。在许多领域的重大发现中，德国人所取得的项目超过世界其他民族的总和。美国在科技领域的领先地位是第二次世界大战后由德国转移过去的。

究其原因，是德国的大学把康德哲学中的人文主义作为教育的根基：每个人都由他自己来引导内心，按理智和自身的意义来行动，即人是自主、自律、自觉、自立、有自我目的的。这样，教授的思想不局限于任何一种现成的体系，而是对无限与永恒的参与，探究不为人知的领域，不停顿地向真理、向规律接近。这样，大学是真正的大学，学生所学的是无限广博、无所不包的真正的综合知识。

在这里，教授有任意研究与开课的自由，喜欢研究什么就研究什么，对什么有研究就讲授什么。学生可以在几所大学转来转去，像马克思、陈寅恪对什么感兴趣就学什么，没有学科间的界限。学生有机会与最优秀的科学家讨论，可以组织由任何人参加的任何名称的团体。总之，彻底的人文主义造就了完全自由的思想空间，产生了世界意义的思想与科学的真正辉煌。

要让思想自由则身体要自由。德国的大学为之创造了条件：首先是独立性，把大学置于政治与社会生活的彼岸，远离纷繁的社会和政治利益。排除经济上的影响，因为经济上的压迫感或忧虑感会妨碍思考。为此，国家用优厚的工资、研究基金、企业家资助来研究课题，给职业化的思想者以充分的经济保障。这是为了思想的自由。

延伸思考

1. 构成 F 的三个力是什么？

2. 为什么说"利他是最高级的利己行为方式"？

3. 实践在 F 产生与形成过程中的作用是什么？

4. 思想的自由与创造发生的关系是什么？

5. 举例说明你对创造的理解。

Entrepreneurship

第五章

项目之根

第五章

项目之根

根是存在于项目要素之中的有质量的生命基因，是扎在正当、恒久与潜在需求之中的真实品质和效用，是吸引、影响和制约其他社会成员与之交换的资源，是创业项目启动的根据，是存活的权利和发展的基石。

第三、四章论述了要素资本之魂作为一种资本形态的存在，构成对要素资本的作用及其生成条件。魂是对创业主体——创业者而言的。本章论述的"根"是对主体的对象——创业项目而言的。魂与根共同成为创业这个事物的一个规律——创业基本问题。在本章中，首先要证明根的存在及其定义，然后阐述根的两层含义，最后详尽论述根对创业的重要作用。

第一节　根的存在

项目是个结构体，在其诸多要素中有一个决定性要素——"根"。项目好比是种子，根就是种子的胚；项目若比喻成鸡蛋，根就是能够孵出小鸡的种蛋。根是"有质量的生命基因"，这包含两个含义：一是"有没有"，即是否存在；二是"是什么"，即质量如何。

首先是"有没有"。有的项目根本做不起来，有的项目能够站住脚但就是做不大，有的项目则做得很顺手，这是为什么呢？世间万物生于"有"，"有"生于"无"。项目的结果是在"无"的状态下被预置了。这就告诉我们项目也有基因的存在。成功的项目是有一个好的基因被预置了，失败的项目是没有预置好的基因，甚至根本就没有基因。

其次是"是什么"。如果是老鼠的基因，吃什么也长不成大象。有质量的基因是项目构成要素的核心。有无，决定着这个项目能否生存；质量，决定着它能长多大、活多久。根是项目构成要素的核心和企业存活的基础，它的存在与否、真实与否，可以在死去的、初创的、发展的企业中去寻找和证明。

在成长中夭折

凭什么创业？凭什么规避风险求生存？靠什么自立于企业之林、参与竞争谋发展？这"凭"与"靠"的"什么"就是项目的"根"，企业的"根"。有这样一个项目，它经历了整整四年的开发后夭折了。

功亏一篑

在四年中该项目完成了三项技术的融合，成功地提高了生产工艺和质量标准。直接生产成本由最初的单件 14 元降至 9 元；销售价格由 28 元降到 8 元。销售方式由代理为主改为直销为主。销售区域由十几个城市同时铺开转为集中到一两个最大的城市。产品功能改进 14 处。产品系列由最初的 5 种增加到 50 多种。销售回款由第一年的 15% 增加至第三年的 90%。就是这样一个项目，在它生命的第四个年头夭折了。直接原因是资金耗尽——以 14 元的成本制造的成品积压了几万件，遍地开花的代理经销商占用着大量货款。

众说纷纭

面对此种状况，多数人认为是项目不行，有的人强调经营中的某个环节没做好，有的人套用流行观点做死亡诊断。究竟怎样认识才准确呢？就事论事不行，盲人摸象也不行。让我们来做个假设：假设在成本 14 元时不大量生产，而是批量生产使成本降至 2.9 元；假设在入市通道上多做几个试验，取得局部经验再逐步扩展；假设在产品大规模上市前就完成 14 项改进。仅此三项，就已经关系着这个项目的存亡了。这个事关项目生死的东西就是根，用根的观念认识这个项目，它失败在根已经生成，本应该是成长收获的时节。

在发展中收缩

观察创业行为，不论纵看历史还是横看当今，有一个看上去是对立的现象，那就是发展与收缩。做企业的目的是相同的，为了同样的目的为什么会选择相反的方向？其中必定有一个共同的因素在起作用。

向根收缩

有一家服装公司，在短缺经济时期长足发展，由生产女式内衣逐渐扩大到运动服装、男式夹克，并且每一个种类都形成了系列。同时为了把握销售回款和市场信息，建立了十几家专卖店。到了 21 世纪之初，公司连续三年徘徊在微亏状态。此时该公司采用了收缩战略。向品牌声誉好、技术含量高、发展潜力大、技术装备强的品种收缩。这个品种就是女士内衣。把它定位为高档产品，增加有科学内涵的新功能，引入以渗透概念为中心的营销套路。从它收缩的方向不难发现，是向根收缩的。

根的凸现

这个企业在长期的发展过程中并没有意识到有根的存在。一旦收缩，根就凸现了。因为首当其冲的问题是对产品进行选择，选择的根据可能有若干个，但核心问题是看它是否具有某种优势、特性，进而判断它的市场竞争能力。一句话，就是有没有根。对那些没有成本和功能优势、没有特色的产品断然抛弃，因为它没有根。勉强干下去，即便是有微利，但为它付出的管理精力、竞争资源，即所谓机会成本太多。而有的产品呢，我们掌握着别人没有的、核心或特色明显的东西，这就是根。虽然根可能不是很强壮，但完全有条件加强、培养、突出它的功能和特点。特别是可以用砍掉的业务所节省下来的资源去充实、加强、培育它。加强了根，就拥有了发展的基础，就拥有了竞争的资格和别人所不具有的优势。

收缩战略的实施在严酷的现实压迫下引发了根的意识的萌生。收缩的目的更是为了对根的培育，收缩的过程是把有限资源向根靠拢以获得发展的权利与态势。可见，收缩战略的实施源于根，归于根。根的存在毋庸置疑！收缩亦然，发展亦然。

完美中缺省

销售固然重要，但再重要也不应该忘"本"。"本"就是根，是产品的真实品质和效用。离开它，无论你怎么折腾都是不能长久的。

开端很"美"

有一家保健品公司，管理者制订了一个完美的营销计划。第一步是科普。先是与媒体联手发消息，进行报道，多角度地给人们打下对某个产品的烙印。接着请专家撰写相关文章，比如补钙、排毒、减肥、补肾、养颜之类。再接下来是患者的现身说法。第二步是铺路。在科普的同时建设销售网络，设计一个回报诱人又没有风险的代理销售模式，发"诚征"广告寻找和选择代理商，通过区域代理使药品的销售终端进入网络。第三步是跟进。迅速大面积铺货，让产品在网络中铺展开来。第四步是广告。在铺货大体完成之际，准备好的产品广告便接踵而至，形成有气势的宣传。

"大山临盆"

营销计划是完美的，计划是有效的：该企业的销售收入迅速增长。但令人遗憾的是，在销售刚刚呈现出令人激动的势头时，噩耗便络绎不绝地传来，销售大面积"塌方"以至全线崩溃，产品陆续从药店的货架上被撤下来。失败的原因竟然是：疗效不如副作用更明显。巨大的前期投入付诸东流，精心的营销策划功亏一篑。至此，不由使人想起《拉封丹寓言》中"大山临盆"的故事：先是雷鸣电闪、日月无光；接着是狂风怒号、飞沙走石、烟尘滚滚；再接着是山崩地裂、房倒屋塌、生灵涂炭——大山"分娩"了，生出一只小老鼠。

无本之木

毫无疑问，这个产品的药理、药检都是通过的。但是，产品的最后检验人是消费者。做产品，根本问题是功能、质量，即对人的实际用途，在它的背后是技术。技术未必可以转化成效用，但实际效用必须有好的技术。可见，技术是功能效用的根，功能效用是产品的根，好的产品是销售的根。销售无论如何重要，也重要不过根。离开对根的关注、呵护、培养、打磨、充实、完善、提高，再好的营销也是无本之木，再大的响动也不过是"大山临盆"。

三个例子三种时态，不论是失败的、发展中收缩的，还是刚刚起步的，在它们平稳行进时都感受不到根的存在，一旦发生变化，尤其是剧烈的变化，就会震荡灵魂、触发思考。有深度的思考会把理性引向事物的本质，每个项目，进而产品，进而企业，都有一个生存条件、生存资格、生存权利、生存基础的问题，归根结底是根的问题。

结果的背后

综观创业失败的原因，表面上看是林林总总，其背后都有一个寻根、育根的问题。

三种死法的背后

我们用根的观念去审视死掉的企业。有的是死在寻根的过程中。创业者们苦苦挣扎、左冲右突，其实是在寻根，根未找到"身先死"——这是糊涂死。有的是死在育根的过程之中，已经发现存活之道，开始破解行业密码的时候，或是力不从心，或是条件尚不成熟而不得不放弃——这是明白死。还有一种如前例所述，大体上完成了对根的培养，同时面临资金干涸或其他内外因素，死在成功的当口——这是遗憾死。

如果创业者在创业之始就有根的意识，把寻根、育根当做创业的一个阶段，情况就大不一样了。如果有根的意识，就会在计划的设计、阶段的安排、资金的分配，进而在创业的方式上做出别样的策划。

可供交换的资源

在交换是生活基础的社会中，自然人的生存与企业的生存有着很大的不同。

企业需要较大基数的进出平衡。自然人依靠互换劳动来生存，生存的条件仅仅是劳动，因而获得最基本生存资料的难度不是很大。差别在于生存状况，因其提供劳动的质量、数量的差别而有所不同。而企业的生存则不然，它要进出平衡，只有消耗与获取之间达到平衡才能够生存下来。又由于它的消耗有一个基数，远远高于单个自然人生存的基数，基数若与获取不对等，生存的条件就被破坏了。确保获取与消耗对等的价值，就是企业存活的条件。

根是平衡的条件

平衡的条件是拥有可供交换的资源。这个条件是什么？是独立拥有的、可供交换的、具有战略意义的资源，是能够吸引其他社会成员，或能够影响其他社会成员，或能够制约其他社会成员与你进行交换的资源。这个资源是可与其他社会成员进行价值对等互换的对象物，它可以是有形产品，也可以是服务。这就是企业的根，这就是创业的根。这个根的有无与强弱，是进行任何一项创业必须首先考虑的头等大事。没有它，任何创业都会是无根之浮云。

造壳

有两个老总都热衷于"造壳"。一个是把总公司给他的乙烯进口设备库当厂房，本来挺敞亮的，却花了 200 万元去改造这个库。外商的生产线进来了，却没有流动资金进行生产，只能望库兴叹，望外商手里的订单兴叹。

另一个老总更是有气魄，跟着电力发展的大势，靠造电器开关柜赚了钱，而后决定开发一种科技含量很高的无线通信产品。他踌躇满志地先造了个巨大的"彩壳"，花了 2 000 万元。由于对该项技术了解得不彻底，对该产品的开发周期与检测过程不是心中有数，资金链中断了，只能养着技术骨干满世界找合作伙伴。

他们若不是先"造壳"而是先"造根"，怎么会有这般窘困。

第二节　根的内涵

这一节强调根的实在性，即商业价值是由两个方面组成：一是获得影响项目生命的核心要素；二是进行以核心要素为基础的多种要素的综合。两个方面加在一起是根的内涵。根的内涵是指：决定项目生命的内在基质及其综合。

根与通常的核心优势不同：核心优势是显露的，而资本之根是内在的和隐蔽的。核心优势强调的是一个点，根是指以独特优势为核心的系统功能。核心优势是对运行的企业而言的，根是对创业特别是对项目的选择而言的。

项目要素中的优质基因

根作为有质量的生命基因，即存在于项目要素构成之中的核心要素，它显露出来的特点是：别人没有的，先人发现的，与人不同的，强人之处的。

别人没有的

别人没有的是指对某种资源的相对独立占有。在商品经济日益完善的条件下，长期独立占有某种资源的可能性很小，但也不是完全不可能。可能性存在于对某种潜在的、未被利用的资源的发现，这种发现大体上有三种情况：一是发现某种资源与某种特定需要的联系；二是挖掘某种资源新的商业价值；三是找到某个产品、服务和产业链条中的缺陷。

三种情况表现为商业的意识、敏锐的眼光、联想的思维。谁有这样的创新性思维，谁就能获得先机，获得在时间和空间上相对独立拥有的资源。这些资源可以是特殊气候的、土壤成分的、地理位置的、长期废弃的、失传已久的、相加而复合的。比如原有产品中的"不"：不环保、不安全、不方便、不卫生、不便宜，等等。

先人发现的

先人发现的是指对未来的预见。纵观历史，长久存活的企业都把根扎在未来与趋势的深厚土壤之中。资本、项目和产品离开未来和趋势，就好像植物失去土地、空气和阳光。无视未来和趋势就如同把种子撒到马路上。

如何发现趋势呢？一是看惯性，即现在是怎样从过去发展而来的，从历史滑动的轨迹往往能够看到它将朝哪个方向延伸。二是看矛盾，现实社会中的大矛盾或大问题。它们是决定未来走向的根据。只要把这个大的现实看透了，发展的趋势也就清楚了。

比方说改革开放，是民族、国家发展与存亡的唯一选择，这是由历史积淀的矛盾决定的。看清了这一点，也就看清了市场经济的大势，在这个基点上思考问题，从设计人生到策划事业就顺应了大势，获得了先机。

当今中国，市场经济的竞争机制导致对效率的追求，科学技术又为效率提供了可能，效率导致了就业问题的持续加重。随市场经济的发展日益凸现的影响中国的大矛盾、大困难和大问题是就业与老龄化。由这个巨大问题本身和派生问题形成了发展方向——资源、能源、生态、环保、教育、老龄化、城市化等。把资本投放在这个大的圈子内，未必领导潮流，但只要跟定大势，项目就有了根。

与人不同的

与人不同的就是差别、个性和特殊性，可以是市场定位、技术、工艺、传统、原料、材质、款式等的不同，也可以是因资源整合而产生新模式。特色是项目得以立足的根本。比如餐饮业的存活靠什么？是由它的名字的知名度、美誉度所产生的回头率，即品牌。品牌的背后是标准，标准所体现的是特色，说到底是特色决定了品牌。对于餐馆而言，特色当然首先体现在主打产品上，与主打产品相关的文化氛围、趣味性、娱乐性等一起构成特色。把特色量化为标准，坚持不懈就形成品牌。这样的企业就有了根。

强人之处的

强人之处的是指在哪个方面高人一等、优人一等、强人一点。在多数场合表现为质量、功能、外观、设计、成本、经验、模式的优势。特别是进入完全竞争领域——租摊位开店更需要某种优势。比方说只要在成本上有优势就有了生存的资格。世界500强企业排名靠前的沃尔玛有5 000多家门店。人们会马上想到规模，但对零售企业而言，规模是与销售人员的数量即管理成本同步增加的。但不可思议的是，它能够把管理费用控制在销售额的2%，这叫真功夫。它能够在保持货架充盈的同时不断地降低库存，这中间的艰苦、持久、创造性的努力是可想而知的。据说沃尔玛总部像卡车终点站的司机休息室，可见沃尔玛为降低成本而努力的背后是一种什么样的精神。

内容——网站的根

网站如何盈利？先把网站是什么弄清楚。网站是信息市场或交易平台，要有供求双方，即信息的供应者和信息的需求者。这同商品交易市场没什么差别。完全可以把网站比喻成一个商城，性质相同、经营模式相同、盈利方法也相同，差别是经营的产品不同。

商城靠什么盈利？靠向业户收摊位租金。业户凭什么向你交租金？凭在这里卖货能赚到钱。这里怎么就能赚钱？因为来这里买货的人多。为什么来这里的人会多？因为这里的货好——品种齐全、质量好、价格合理、交通方便、服务周到。为什么这里的货好？因为商城为厂家创造了许多条件，提供了许多优惠，吸引了大量的优质货源厂商与有经验的经销商。

商城的盈利模式是：吸引好货——吸引顾客——吸引经营者（厂商）——收取租金。商城盈利模式的"根"是"货"——好货。

网站的盈利是靠向发布信息的企业收费。企业凭什么向你交费？因为在你这里发信息能扩大交易、赚到钱。为什么在这里发信息能赚钱？因为来这里看信息的人多。为什么来这里看信息的人多？因为这里的信息好看——内容丰富、新鲜、可靠、方便、有用。为什么说信息好看？因为在一个专业或行业的主题下搜集了大量有价值的信息，进行了清晰分类，设置了业内人士感兴趣的栏目。

这样，网站的盈利模式开始运行：大量的好信息——吸引行业的注意——吸引业内企业发布信息——收取费用。网站盈利模式的"根"也是"货"——有用的内容。

多要素综合而成的优势

综合是让根发育成根系而产生的难以复制的优势。无论技术、资源和经营的模式如何，在把它从隐匿中挖掘或创造出来之后很快会被复制。单一的基质往往不能外化为有商业价值的产品或服务。所以，胚胎需要发育、基质需要综合，在发育中综合、在综合中发育以形成根系。不仅有主根，还要有侧根、须根、根径、根冠，才能共同构成一个完整的根的系统。完善的根系是建立难以复制的竞争优势所必需的。

综合就是把要素相加

把几个要素相加以实现以市场价值为目的的融合。只要用心观察，就会发现在当今已经白热化的市场竞争中，干得漂亮的是那些能够创造性地把资源、技术、品牌、模式和网络等多个方面结合起来的企业。例如，通过奶制品被熟知的驻守内蒙古草原的企业。它们创造性地运用了泰国正大集团的管理经验，用公司加农户的模式，囊括了广袤的草原和拥有养殖技术的牧民资源；应用了先进的生产技术，细分市场形成产品系列，据此高举绿色大旗持续营造品牌，从而形成了牢固的竞争优势——有着深厚基础的、长期有效的、不会被轻易替代的、难以仿制的优势。

它们的优势的产生正是综合的结果：综合的对象可以随发展而扩大，每增加一项优势就会增加一分，竞争对手仿效的困难就会增加一度，保护自己的屏障就会多了一层。

综合是 $S=F(AB)$

这个公式是对灵魂资本与项目之根相互关系的综合表示。A 和 B 是软、硬两种资本要素，也表示若干个优秀基质的集合。在实际创业中不会仅仅是 A 和 B，还会有 C、D、E……

F 是灵魂资本，代表 A、B 相加大于和、相乘大于积的关系，是驾驭资本要素的力量，是创业者的智慧与能力，对整合 A 和 B 发挥决定性作用。S 代表一个项目的内涵，这个内涵中的物质因素正是项目的根。项目的市场价值是通过 F 资本对要素的冲和而形成的根系——独特的资本优势和难以仿制的竞争能力。

$S=F(AB)$ 的公式在这里有了更加具体的表示：创业，是 F 与 A、B 的关系。成败，不仅取决于 F 的存在和 F 对 A、B 的作用程度，也取决于 A、B 的基质。

作为一个创业者，从萌生创业念头到进行创业策划，到创业准备与计划实施，自始至终都要有一个根的意识。从创业成败的意义来说，根的观念是创业的根本观念。这个至关重要的观念有着深厚的社会渊源，对创业行为有着最为先导性的影响。

五个坚持不懈

有家小饭店，几年时间成了钻石地段的独立的小楼，它由悄无声息到大名鼎鼎，秘籍是五个坚持不懈。

（1）特色。该饭店有老板从"西天取经"中学习、吸纳、创新的五六个"阿拉伯"菜，堪称独家所有，为主打产品。

（2）质量。菜肴一贯可口，已经接近标准化，简直可以与麦当劳相当。

（3）环境。整个环境设计与饭店主题相呼应，其匠心独运使人感到身处边关大漠。窗明几净，无可挑剔。

（4）价格。与菜肴质量和就餐条件相比，价格给人的感觉是合理、偏低。

（5）亲切。从老板到服务员都能认识常去的客人。点菜时还间或会听到"够吃了"的提示。

此外，餐厅有明厅和暗厅，来客先让坐到明厅的位置，这样，从外面看里面的人总是多的。待明厅满了，再有人来则引进暗厅。

第三节　根的作用

在创业之始要有根的意识，把创造、寻找、挖掘和培育项目的根作为创业最首要和最重要的事情。因为根是创业发生的根据，是确保项目成活的先天条件，具有极其重要的作用，具体表现在：开始创业时务实而不要务虚；充当创业进程中面临多种选择而进行判断的支点；当面对问题和困难的时候，能有坚持到底的决心、基础和条件。

项目启动的根据

根的观念本身就是创业的务实观念。务实就是干实事，静悄悄而不张扬，先把最要紧、最要命的事情放在最首要的位置做好。

项目的根好比植物体轴的地下部分

项目的根同植物一样，由胚发育而来的过程是无声无息的，植物的体轴部分通常是在地下的，并不为人所知所见。在地下无声无息发育的根一旦成熟，便有了能够吸收溶于水中的养料的功能，有了贮存与合成有机物质的功能。只有到了这个时候，才开始显露它的生机与英姿，才潇洒表现它的色彩与斑斓。尽管如此，根的发展也并非有意而是自然的。

119

虚无的创业观念的表现

许许多多的创业者急不可耐地要表现企业的生机、姿态和色彩，注重的是枝叶的繁茂而无视根的存在与发育，具体表现在创业行为上，热衷于轰轰烈烈，轻埋头苦干；看重表面的虚荣气魄，轻资本质量与内涵；先搞基本建设铺摊子，再充实完善技术工艺；先进行固定成本投入做产品，再找市场搞营销；先买或租下门面堂而皇之，再磨炼服务内容；先搭起架子完善系统，再寻找管理与经营模式，等等。

还有一些做法显然是受了某种教育的影响，比如，所创之"业"还在酝酿、探索、不确定之中就开始组织"团队"。以"新企业创建"为根据，登记、注册、办执照、写章程、刻印章、挂牌子、租房子、买电脑、配备办公用品。忽略了是有"业"可"营"的时候才需要"执照"。在创业开始的相当长时间内，是无"业"可"营"的。

创业起步时要务实而不要务虚

把创业付诸行动后，在时间安排和资金使用上，先做什么后做什么？根据什么分轻重缓急？回答是：根，即关系项目生死的那一个或几个关键。先找到它，抓住它，解决它 。先要把"根"抓住，然后再办其他方面的事情。根的问题解决好了，其他问题怎么办也就变得清楚了。

当然了，不同项目有不同的具有根的性质的要素，发现并抓住它也不那么简单，有时需要进行大量、周密的考察，有时还要进行必要的探索来确证。但有一条是绝对不能含糊的：在没发现、认识、证明"根"是什么的时候万不可急于下手，否则，是在"无"的状态就埋下了"败"的种子，是在"务虚而不务实"中把有限的资源消耗了，把失败预先设定了，等待你的将是一个烂摊子。凡此种种都是与根对立的、虚无的创业观念使然。

未战先胜的条件

我们可以赞美失败，称它是人类进步的阶梯也不为过。我们也可以肯定地认为失败对任何事业、任何个人都具有不可避免性。

知失败之残酷

但创业的失败对任何个人而言，后果有时是残酷的。它不同于其他方面的失败，通常丧失的是机会成本。创业失败丧失的是金钱、可支配的资源和宝贵的热情，是"死生之地，存亡之道"。轻者身陷困境失去再起之"东山"；重者倾家荡产、生活无着、债务缠身，甚至妻离子散、背井离乡。因此，规避风险是任何创业者都必须首先考虑的问题。如何才能规避风险呢？就是要把"未战先胜"即不败的条件首先创造出来。

知用兵之利害

在经济行为中，能与用兵相提并论的莫过于创业。把战争与经济活动类比，最为贴切的莫过于创业。《孙子兵法》中一个融汇全书、贯穿始终、鲜明而彻底、成为全部军事思想基础的思想是：知用兵之利害。《孙子兵法》开篇第一句即"兵者，国之大事，死生之地，存亡之道，不可不察也"，因为"亡国不可以复存，死者不可以复生"。他把用兵之利害提到了安国全军、生死存亡的高度。他概括预知胜利的五种方法的第一条就是"知可战与不可战者胜"。正是在这样一个坚实一贯而又彻底的思想基础之上，才有"不战而屈人之兵"，才有"上兵伐谋"，才有"知己知彼"、"知天知地"，才有"主不可以怒而兴师，将不可以愠而致战"，才有"未战而庙算胜"，等等。整部兵法的战略战术都是建立在知用兵之利害的基础之上的。

知未战而先胜

正是在知用兵之利害的基础上，才产生了一个具有创造性和极高战略价值，并演绎成战术原则的思想："未战而先胜"。就是在打仗之前，首先考虑的是如何保护自己不要被对方打败，在此基础上谋划怎样战胜对方。"昔之善战者，先为不可胜，以待敌之可胜。不可胜在己，可胜在敌"，"是故胜兵先胜而后求战，败兵先战而后求胜"。全书中的诸多精彩论述都是从这个思想出发的。

"先为不可胜"的战略可包含相互关联的三层思想：一是使敌人不可能战胜自己；二是造成不被敌人战胜的条件；三是能否战胜敌人取决于多种因素，而不被战胜这一条是自己能够把握的。

创业正是这样，项目最终能否发展壮大，其影响因素很多，尤其是市场的不确定性是很难把握的。但是，应该而且能够做到的是：防范把老本一下子赔进去，避免"出师未捷身先死"。为此，你必须意识到的是：任何项目都有一个根的存在，它是创业能够未战先胜的保证。你应该而且能够做到的是：发现、创造、培育能够使你的项目生存的根。先把这个根找到、抓住。这就是不败的条件。

第五章

项目之根

多种选择的标准

创业，永远是一路问题。创业过程中总会遇到困难、矛盾和未曾预料的问题。面对这些问题通常有多种选择，在你感到纠结或无奈的同时，会产生多种解决的办法或途径。

多种主张会让你茫然无措

在创业的一开始就会遇到这样一些问题：在若干个项目中选择哪一个？用什么办法证明一个项目是否具有核心优势？确定了的项目该从哪里入手？功能或标准怎样制定、如何实现？市场目标、通路选择与简单的运作模式如何？在创业的进程中会遇到很多问题，诸如规模的小与大；速度的慢与快；战略的专业与多元；在竞争中降价还是不降价；面对产品开发或新业务的启动继续还是撤退；等等。

几乎在每一组问题上都有完全对立的观点，且都有道理。在这一系列问题上，不论是有过创业经历的，还是做过企业管理的，往往都有着各自的理解。不能排斥事实上的确存在多种选择的根据。但是，这些完全对立的观点与主张，让创业者、管理者在碰到很具体、很实际的问题时，无所适从，茫然无措。

用根作判断与选择的依据

有一个产品的开发一度陷入了困境，直接原因是一整套营销计划未能奏效，许多人开始怀疑这个产品行不行。老板的朋友从广州寄来一张剪报，讲犹太人经商中的撤退原则，即一旦发现某项业务不行，不管前期投入多少，赶紧撤出，绝不迟疑，以避免更大的损失。而台湾的王永庆面对此类情况有着完全相反的观点。他认为，新产品上市不被人接受是正常的。办法是通过扩大生产规模，大幅度降低成本，这样才能通过瓶颈。同一种情况两种主张，这个老板该如何抉择？

他回顾了项目开发全过程中的每个细节。他发现销售的问题是价格。在深圳、北京和成都的销售终端，他亲眼看见那些被他的产品的新颖与实用所打动的人有很多都望价兴叹。经销商的积极性来自批零差价和走货量，核心问题也是价格问题。而价格的背后则是成本问题。成本，就是这个项目生死存亡的根。结果，通过一系列创造性试验与应用新材料，该老板把一个占成本80%的构件的比重降低了80%，整个局面焕然一新。

根的视角具有的独特作用

必须知道与承认一个创业项目有根的存在，进而一个企业有根的存在。对创业，根是创业发生的根据；对发展，根是企业生命力的源泉。同样，对创业与企业发展中的一切问题，要用根的观点去看待、思考与决定。

实践会教育人们：用根的视角去看待这些问题，犹豫和困惑会变成豁然开朗、云开雾散，纷繁和复杂的问题会变得清晰而又简单。你会突然发现：面对根的问题，不再是对与错、应该与不应该，而是只能这样，别无选择，必须如此。

坚持不懈的基础

创业失败率高达97%，许多项目做了一段时间做不下去就放弃了。许多企业家面临这种情况，这是创业行为中具有普遍性的现象。在此要反复强调：要坚持再坚持。

企业家的正确主张

企业家们的主张无疑是很有经验性的。只有在坚持中才能聚焦核心优势，不断完善功能；只有在坚持中才能不断深刻理解市场，理解用户的需求；只有在坚持中才能在探索中逐渐形成自己的商业模式；只有在坚持中才能培育锻炼自己的队伍；等等。总之，强调坚持是完全正确的，这种观点与本书有关运转的一章中所论述的"运转就是一切"的观点完全吻合。

坚持所需要的条件

坚持需要有对项目的钟爱，要有坚持的信心、决心，还要有坚持的物质条件，而所有这些都来自创业的开始。

项目的根，就是曾子所说的"慎终追远"的"远"；佛家所说的"凡夫重果，菩萨重因"的"因"；老子所说的"天下万物生于有，有生于无"的"无"。如果创业者在选择项目的时候，就创造、发现、培养了根，就自然有了坚持的信心；如果在解剖和理解项目的过程中通晓了项目的构成要素，并在构成要素的关系中抓住了根，对这个根进行了探索、试验和确证，就必然会具有坚持到底的决心。有了这样基于客观根据的信心和决心，就一定会逢山开路，遇水搭桥，坚持到底。

坚持所需要的钟爱

创造、寻找、挖掘、培育项目的根不是一件容易的事，通常要经历较长的时间和艰苦的过程。如果你经历了这样的历程，如同怀胎十月，会把项目看成是自己的孩子，会产生对项目的钟爱。有了看待项目如同看待自己孩子的情感，放弃与否的问题就根本不存在！

有了这样的经历，就产生了这样的情怀，就不会在干的过程中犹豫和动摇，不会一边做着这个项目，还一边怀疑这个项目行不行，更不会这山望着那山高，吃着碗里的，看着锅里的。当然也就不会对待项目个个浅尝辄止，件件半途而废，而一定会一干到底，坚持不懈。

一种竹子

有一种竹子，它出土的第一年长到 1.5 米，第二年还是 1.5 米，第五年还是 1.5 米。到了第六年，一场春雨过后，半个月长到了 20 米。

两个画家

一个青年画家的画很难卖。他看到门采尔的画很受欢迎，便登门求教。

他问门采尔："我画一幅画只用一天时间，卖掉它却要整整一年，这是为什么？"门采尔说："倒过来试试。花一年功夫去画，只要一天就能卖掉。创作是艰巨的劳动，没有捷径可走，试试吧，年轻人！"

青年画家接受了忠告，回去以后苦练基本功，深入收集素材，周密构思，用一年功夫画了一幅画。果然，不到一天就卖掉了。

根是创业项目中的一个真实的存在，是项目生存权利的物质基础、独有的战略资源和难以复制的综合优势。根的观念是创业不败的先决条件，决定着程序的设计、务实的态度和解决问题的视角。

延伸思考

1.举例说明项目中根的存在。

2.说明根表现为商业价值的两种状态。

3.概述根对创业成功的必要性与作用。

4.为什么说根是未战先胜的条件？

5.为什么说根是坚持不懈的基础？

Entrepreneurship

第六章

资金之道

第六章

资金之道

　　创业的资金问题不是孤立的问题。从"道"的层面来理解资金，则应首先弄清楚资金的本质和创业的本质。资金的本质是指职业金融机构的本质，其本质是用资金做资本，借助项目作为载体使其保值增值的企业行为。这个本质决定了它永远面对最优秀的企业和显示出核心优势的项目。创业的本质是创业者在从小做起的艰苦磨砺中增长本事的过程，这个本质决定了创业不是用资金去组合物质要素，而是创业者自我再造的过程。

　　其次要弄清资金与项目有条件相互需要的关系。资金需要项目的条件是项目优势的存在与证明，有前期投入、运作过程，尤其是要有事实证明过的特殊优势。项目需要资金的条件是由项目特点、运作过程与商业模式的确证等因素决定的，在项目选择和项目优势的创造、培养和测试的过程中并不需要资金，至少不需要很多资金。

　　在理解了资金的本质与创业的本质及其相互关系的基础上，解决创业资金的现实道路就会凸显出来：一是依靠自己的资源；二是依靠项目的优势；三是依靠政府的帮助。另外，还可以尝试运用由互联网派生出来的新型融资渠道来融资。

第一节　创业起步的规定动作

　　这一节用三个具有经典意义的故事作提示，描述创业者寻找资金的艰难与痛苦的历程，告诉人们走向这条道路的原因和很难有任何结果的必然，从而引出理解资金的本质与创业的本质及其相互关系的必要。

三个经典故事

城市"瘟疫"

一个地级市要建发电厂，政府承诺："谁引来资金，谁就是项目法人。"于是，十几个自认为有能量的人，带上政府提供的全套文件踏上了漫漫引资路。

目标：寻找"银主"。

办法：经过业内人士介绍。

地点：北京、上海、广州。

过程：先见"银主"代理的代理，再见代理，然后再见"银主"的助理，最后才能隆重见到"银主"。每一步都要花几万元。特别是找到"银主"之后，要表现出很大的诚意，要满足"银主"的一些要求。

在日销万金的谈判后，再根据"银主"的要求，在与外界隔离的封闭状态下签署文件。签完了，一切就结束了。剩下的事情是等待，然后是等待，最后还是等待。

两年过去了，十几个"项目法人"没有一个引来资金。每个人花费的上百万元引资费用都是借的，还不上借款则引发讨债、绑架、杀戮、跳楼、服毒——如同一场瘟疫。

叙述这件事情的是其中一个引资的"项目法人"，他的儿子怕被人绑架被反锁在房里。孩子经不住没完没了的电话恐吓和接踵不断的砸门，神经错乱跳楼摔死了。

第六章

资金之道

融资六年

一个国有企业分公司的总经理在任六年时间内只做了一件事：引资。

项目是与台湾企业合作生产工装皮鞋。台湾企业提供生产线，国有企业提供厂房和流动资金。先开一条线，有800万元就够了。

为了引资，他千方百计到处弄钱。六年花掉引资费1 100万元，一分钱也没引来，以渎职罪被判处两年有期徒刑，缓期三年执行。

1 100万元是陆续弄来的：卖了几个下属企业，向好一点的企业收管理费；清理大公司内的欠款；把办公楼抵押给银行。

读者来信

一个大学生创业团队经人介绍找到了一家融资公司。融资公司的项目经理说："经过我们研究认为项目可行，可以投资。只是计划书不符合融资要求。要做出合格的计划书，只能由我们来做。如果你们自己做，拿到投资商那里行不行就很难说了。"

学生创业者同意由他们做计划书，可他们又说："做一份计划书在美国需要15万美元。对你们优惠，只要15万元人民币，先付5万元定金就可以开始工作了。"他们很犹豫，担心交了钱不能引来资金，这件事该怎么办？

其实是这样的：

（1）对方案表示可行是一个诱饵。因为项目可行与否要经过充分的调查，要有项目优势的事实依据。一周时间是不可能得出结论的。

（2）项目可行与否是由投资人认定而不是由融资公司认定，更不取决于计划书由谁来做。

133

（3）做计划书是融资公司抓住创业团队求钱若渴的心理让创业团队付钱。引不来资金创业团队也无话可说。

（4）如果创业团队心有不甘，建议先签合同：引资成功后付费。或者把费用打到公证处，融资成功后从投资款中冲抵。

三个故事中的创业者都是把融资作为创业的第一件事，把创业的第一个行动义无反顾地扑向资金：找"风险投资基金"；找"天使投资基金"；找"银主"；找"融资公司"。其结果是能凑起来的一点钱都被"融"去了；创业的激情在融资中"溶"化了；一切以"钱"为"钱提"的商机变成海市蜃楼了。

谁让他们扑空？

教科书中的资本理论扭曲了创业的真实，是虚构的"计划书融资"的公式迷惑了当代创业者。

舶来的创业教育

在一些创业教材和创业教育的项目中，把写好"创业计划书"作为创业的第一步。写计划书的目的是为了融资。为此强调计划书极端重要，称之为"你一生所写过的最重要的文件"。之所以重要，是因为只有写好计划书才能够吸引"风投"、"天使"和其他各类投资基金。引来了资金，创业就大功告成了。

在这类教材和教育项目中，通常提供"计划书"的范本。大的方面包括：你所属产业的整体规模，有哪些新技术、新产品、新竞争对手将会出现，以及竞争对手的成本构成等。小的方面包括：为投资人创造价值的数据，团队中每个人可以贡献的技术。要求创业者提供的计划书要包括：经过税务稽核的财务报表，与供货商和经销商的合同，对其他企业并购的方案，等等。

创业还没开始就要把已经存在的企业的事情写成计划书，把创业完成时、将来时的事情拿到创业尚未开始的时候来做，这是把创造企业与经营企业的先后过程颠倒了。正是这样的教材和创业教育的项目，引导创业者在创业初始走上了计划书引资的道路。

创业者自己

许多创业者自然存在两种很强烈的潜在愿望：一是很希望在创业之始就能够有一大笔钱，而且希望是如同"天使"般的赠予或不需要偿还的股权投资。二是有着高起点、大规模、快速度、一举成就大事业、一夜暴发的冲动。正是这样的潜在愿望，使得他们很愿意接受"计划书融资"的主张，并自觉地把它作为创业开始的规定动作。

创业尚未开始就指望靠得到一笔资金来启动项目，不仅不现实，更重要的是违背了根本，创业只能依靠自有资源起步，在从小做起的艰苦磨砺中成长。让我们来设想，假如你得到一笔资金，几百万元或上千万元，那还叫创业吗？那是玩钱、烧钱，通常的结果是演一场创业名义的活剧。

为什么一定扑空？

没有真实性

"中美创业论坛"主讲嘉宾、美国西北大学教授谢洛德说，在美国，创业主要靠自己的信用卡和家族与朋友的帮助。美国人罗伯特的一本叫做《创意评估》的书讲道，美国的风险资金投资人在接到的 1 000 个计划书中只看 20 个，在 20 个中只选 1 个。按照"土著"美国人的介绍，在美国用计划书融资的比例是 1‰。这个比例不能看成是项目与资金结合的创业模式。

《美利坚合众国演义》这本书介绍了美国 100 个企业的发家史，包括福特、摩根、洛克菲勒、通用电气、国际电话电报公司等，这些企业的创始人个个都是白手起家。

中国人从乔致庸的爷爷到李嘉诚，到王永庆，到如今的老板们，哪一个不是从小做起。松下幸之助也不是有钱才创业，是年轻时身体不好不能上班，不得不在家里做电器开关。

100 万元失败了，5 万元干成了

赵先生与台湾的公司合作生产强化固体燃料，投资 100 万元，干了半年一败涂地。痛苦与劳累迫使他住进了医院，治疗了两个月，思考了两个月。

出院后，他另起炉灶，自己独立投资继续干这个项目。结果投资 5 万元，第二个月收回。之后，以每月 2~3 万元的利润规模持续运转。

没有科学性

创业基本问题中的魂，对创业全过程起主导和决定作用。魂是超越货币乃至全部资本要素的最具资本性质的"真正资本"。魂对由货币代表的全部资本要素起统领和驾驭作用，决定它们的配置、组合与效能，赋予它们以生命。一切资源与要素都是灵魂资本的载体。

创业，首先要打造、培养和投入的正是这个资本。

扑空是因为传统的资本概念的物质性束缚了我们，是因为把资本物质性的理论引入创业教育而误导了我们，引导着创业者不是在实践中磨砺能力，而是把创业简单地理解为投入货币资本，用货币去组合物质要素。

创业好比作画

假定引来了资金就能创业了吗？好比你要作画，买来了最好的笔、纸、墨，你就能画画了吗？

作画靠的是天赋、悟性和功夫，功夫是练出来的。没有练的过程，有什么样的好笔都没有用。

第二节　创业的本质与资金的本质

创业的本质

本质是由事物中最基本方面的矛盾关系所决定的。创业这个事物的最基本方面是项目和创业者。创业是一个项目孕育、出生、发育、成长的过程，与这个过程同步是创业者能力增长的过程。在项目和创业者这两个基本方面的关系中，创业者起主导作用。

什么是创业的本质

创业者的主导作用体现为创业者的能力。广义的能力可以追溯到人在生命长河中积累而形成的素质。创业这个特殊的能力只能来自创业实践的历练。

可见，创业者增长能力的实践是一个过程，这个过程是创业者蛹化为企业家的过程，是创业者在从小做起的艰苦磨炼中铸造灵魂资本的过程。所以，创业的本质是创业者能力的自我再造的过程。

浴火重生的涅槃

自我再造的过程好比是跳进了"八卦炉"，炼上七七四十九天才有火眼金睛，又好比是掉进了球磨机，经过了粉身碎骨的研磨，变成粉末后重新成型。经过了"炼"与"磨"而重造新的自我。

这个新的自我，是懂得了新企业发生的真实，通透了项目运作的环节，知道了走向成功的步骤，学会了创造商业模式的全新的自我。

资金的本质

这里所说的资金的本质是指各类职业金融机构的本质。本质是其行为目的和行为方式的概括。其目的是用货币作资本取得巨额回报，其方式是以货币作资本投入企业，以股权或债权的方式取得回报。其本质是用资金作资本，借助项目作为载体使其保值增值的企业行为。

"风投"的对象是优秀企业

为了实现资本增值的目的，防范风险即保证资金安全是第一位的。为了资本的安全，职业金融机构不是像银行那样采取抵押和担保的方式，而是把优秀的企业作为它们的"项目"对待。本质决定了在它们视野中的项目通常不是没有启动或刚刚起步的创业项目，而是在运作过程中证明了其核心优势和市场前景的企业。

长期以来，创业与融资，融资与"天使"和"风投"紧密联系，几乎成了语言学上的固定搭配。这个搭配的观点又来自某些舶来的学说，并经常作为媒体的话题，从而营造了一种与创业的真实和金融机构的本质不一致的"融资思维"。

误以为"风投"是不惧风险的。"风投"是职业金融家向有巨大回报潜力的企业投入权益资本的行为。本质是追逐利润，本能是规避风险。本质与本能决定了投资的对象，是具有领先技术、高附加值、增长潜力大的企业。投资对象可以是小企业和新企业，但必须是已经有了前期投入和实际收入，显示了核心竞争力的企业。

只有在"好企业"这个视野范围内才可能把诸如一流的团队、清晰的盈利模式、明确的发展目标等问题摆到桌面上。

金融机构是"养猪换马"

用别人的钱做自己的项目，决定着你与投资人的关系。资金所有权决定了资金所有者通常是股权最大者，进而决定了你与资金所有者的关系是老板和打工者的关系。资金所有权决定了你的身份是项目操盘手或经理人而不是真正意义的创业者。

在这种关系下，你无从感觉拿自己的钱做事的压力，无从体验风险的滋味，你的潜能不可能被全部压迫出来，创造力不可能被发挥到极致。这进而决定了你不可能在从小做起的艰难中成长并享受成功的快乐；也不可能在艰苦的磨砺中成长为真正的企业家。

美国学者曾经这样比喻出资人与创业者的关系：养猪换马。项目好比是猪，职业金融家把他们投资的项目看做是从市场买来的小猪，把小猪养大后卖出去——上市赚钱。创业者好比是马。当投资人对企业的投资达到控股的程度就有了决策权。这时，投资人把创业者看做拉资本之车的马。这个马可以继续拉车，也可以换成更强的马来拉车。

相互关系

两个本质共同决定了资金与项目不是简单的二者合一的关系，是有条件的相互需要的关系。

资金需要项目的条件

这个项目必须是能够让资金增值的载体。这个项目必须有自己的前期投入，有运作过程，并在这个过程中显示项目的特殊优势。这个特殊优势必须是能够证明的，这个证明是产品的市场目标的确定、销售额和利润的数量。一个项目做到这个程度，已经是一个比较成熟并展示出好前景的企业了。

当项目优势显现的时候，资金才需要项目，需要这个能使自己得以保存和增值的载体。资金好比是血液，项目好比是健康的机体。血液需要健康的机体保持自己，借助机体的功能增加自己。优秀的企业或健康的机体，就是资金需要项目的条件。

项目需要资金的条件

创业者决定项目，项目决定资金。创业这个事物的另一个基本方面是项目，项目是矛盾关系中的次要方面，而资金包含在项目这个次要方面之中，是由项目所规定和派生出来的一个要素。

项目规模、特点和启动方式决定着资金进入的数量、时间和形式。资金进入的数量由项目规模和特点决定，进入的时间由项目发展的实际需要决定，进入的形式由项目运作程度和资金权重决定。按实际需要注入资金才能发挥资金的作用。而在项目核心优势打造的过程中，往往不需要资金或不需要很多资金。

可见，资金需要项目的条件是项目具有已经证明的优势。项目需要资金的条件是由项目特点与运作过程决定的必要性。

第三节　解决资金问题的现实道路

理解了创业的本质和资金的本质，就看清了解决资金问题的现实道路。

依靠自有资源

自有资源可以是年轻。年轻意味着拥有时间，时间是一切事物存在的条件，有了它就有了一切，创业者可以去经历、体验、学习、磨炼。年轻意味着不用害怕失去什么。失败得起，折腾得起。失败了又怎样，只不过是从头再来，注定是在新的更高的起点上从头再来。可依靠的资源可以分为三类。

以体力为主的本能资源

精力、体力是年轻人的财富，是创业的重要资源。看看下面的故事，只要有力气、肯吃苦，难道需要许多资金吗？

城市快递

兄妹两人从山东来到北京。

问："能吃苦吗？"

答："只要能赚钱，干什么都行。"

问："你俩总共有多少钱？"

答："租完了房还有 800 元。"

北京这个城市特大，人际交往与物品移动成本特高，花钱买时间的人特多。这就产生了一个特大需求：给别人送东西，叫做"城市快递"。干这个需要什么呀？能跑腿、肯吃苦就行。

怎么开始？

（1）装一部电话；

（2）买一辆旧自行车；

（3）印 5 000 张名片；

（4）印 1 000 张四联单；

（5）起一个公司的名字：万佳仆速递公司。

做什么呢？

（1）"扫楼"。以住处为中心向东西南北、党政军民学、写字楼和居民住宅区发名片，一个门也不漏掉。5 天发出 5 000 张名片。

（2）很快就会有电话打进来。妹妹守电话，哥哥取送物品，业务开始了。

（3）接着，"取"和"送"没完没了。在干活中熟悉这个城市，建立合理的工作流程，学会运用统筹学来画路线图。

随着有了资金，自行车变成了电动车；随着业务量的增加，开始了招兵买马；随着中秋节的来临，起早贪黑地送月饼，实在累得动不了，就趴在床上数钱。

以智力为主的累积资源

这类资源是你现在就有、有待认识和开发、改造与提升后与某种需求结合的本领、知识、技术、特长、经验、兴趣等。

设计服装

她从小喜欢穿漂亮衣服，对时尚特别敏感。每每出现都让人眼前一亮，迎面擦肩便会引来"回头客"。

她穿的不是名牌，与众不同的是那款式、搭配与不经意的细节，还有那富有创造性的点缀，加之几分俏皮、几分高雅、几分张扬的青春活力，从自然中显出得体、大方、活泼与不同凡响。

她学服装专业，毕业后留校当老师，不时地被电视台请去做时尚节目的嘉宾，知道她的人多了，有搞图书选题策划的人约她出书。

时机成熟了，她开始干工作室。服装设计是一个大范畴，要做精做专还要细分。在对象定位上，放在16~26岁之间的女性。在类别定位上，把优势发挥到极致：只设计休闲服装。

她的资源是对服装感觉的天分和经验的积累，依靠这个资源，几年时间她已经成了小有名气的服装设计公司的老板。

以环境为主的可借助资源

一切有商业价值的东西都是源于人对其有用性的发现。可借助资源是与你的家庭背景、生存环境、人文历史、地理条件等相联系的、可以转化为财富的东西，诸如气候土壤、历史文化、风俗民情、土产特产、家传母校等元素。这些元素有的直接就可以经营，有的需要挖掘、改造和转化。凡属这类项目，少量资金便可启动。

大牌可用

事业蒸蒸日上的亲哥哥要求他去德国做自己的商务代表，但他下决心自己闯天下：办家教中心。理由是：

（1）大环境特殊。北京的高考录取线低，这决定了北京的中学教育相对高分区要求不严。这种状况给课外补习留下了很大空间。

（2）可借大牌。百年清华，地球人都知道。清华的品牌能让我们用吗？不能。怎么办？打擦边球，叫"清华园"——地名。

（3）大学生可信。清华学生质量整齐划一，高考状元云集。用清华的学生做家教，公信力毋庸置疑。

有了策划的支撑点，操作流程是简单的：

（1）先在校园里租一个小平房——几百元钱；

（2）挂块牌子——几元钱；

（3）在学生食堂门前贴招聘广告——十几元钱；

（4）对应聘学生进行登记：电话、课程门类——不花钱；

（5）在《北京晚报》发定期广告——每周300元。

（6）把家长电话与学生对接——双方收费各50元。

几年过去，家教中心成了培训学校，小平房的"主任"成了写字楼的"校长"，当年的创业者如今买了140平方米的房子，娶了一个漂亮的大学毕业生做老婆。

依靠项目优势

既然资金对项目的需要是有条件的，那么，作为项目的操持者，就要把资金需要的条件创造出来。得到资金的条件，就是创造资金需要项目的条件，即先把自己的项目做到一定程度，显示并证明核心优势。

什么是核心优势

项目优势表现在两个方面。首先是构成要素。项目由若干要素构成，在诸多要素中，一定有一个是决定它具有市场价值的因素。说技术先进则要完成从技术到产品的转化；说有市场需求则要有直接用户；说模式可行则要有运作效果。

其次是成长过程，即运作这个项目的时间过程。时间过程表现为几个阶段：从项目的选择到确定；从关键要素的测试到把握；从综合模拟的试验到可行。用过程证明了的项目所具有的市场价值，就是项目优势。

两个成本的比较

"两个成本"是指赚钱的成本与找钱的成本。两个成本都是由时间和费用两部分构成的，哪个成本更高呢？

如果你用找钱的时间寻找这个项目的根，把找钱的费用用在对项目要素的创造、寻求、探索和确证上，做这些事情需要的时间，比你在引资路上奔走所花费的时间更短，做这些事情的费用，比你在引资路上所花费的费用更少。无数事实证明的结论是：找钱要比赚钱困难得多！反之，赚钱要比找钱容易得多！

在"做"中圆梦

南京小伙林海发现了一种保健枕头在国内市场是空白市场，便决心经营这个项目。加工这样的枕头，设备就要 20 万元。他手里只有 1 万元！怎么办？

他决定先赚钱，同时学习做枕头市场，有了经验和资金，再回头去做那个理想中的好枕头。他租下一个小门面，以代理方式从国内生产枕头的工厂进货，把全国保健枕头大集合，做成保健枕头专卖店。

他的店每月以 1 万元利润的速度发展，两年后，他攒下了 20 万元。他再次把目光投向那款心仪的枕头设备。这时，他已经熟悉了枕头生产的工艺，熟悉了销售枕头的套路，熟悉了生产枕头的企业，最后他选了一家技术装备最强的工厂，委托它来加工！

依靠政府帮助

国家把以创业带动就业，以创业作为经济发展的内生动力作为大政策。与之相应，出台了支持创业的各项政策，设立了"小额贷款"、"创业基金"和"融资担保"等各类金融支持的政策。此外，还设立了多种鼓励创业的补贴、奖励和直接的资金补偿。这是创业者应该利用的解决项目启动资金问题的现实出路。综合各地的做法有：

小额贷款 + 创业担保基金

由财政拿出 100 万元作担保基金与银行的创业专项贷款相匹配。由人社局的创业服务中心与银行共同审核创业项目，给予 5 万 ~10 万元的小额贷款。

创业授信卡 + 财政贴息贷款

由政府联系金融部门组建"创业帮扶中心"，中心进行项目初选，银行确定创业者的授信额度并发放"创业授信卡"。财政给予创业资本金贴息补助。

创业基金 + 风险补助基金

有的捆绑就业创业扶持政策建立创业基金；有的采取财政支持一点、基金划拨一点、企业家捐助一点的方式设立"创业基金与风险补助基金"。对创业项目连续两年亏损的，经审核后，对贷款额给予 50% 的补助。

防范风险的联动机制

多方是指银行、担保公司、合作社、政府、创业企业。担保公司为创业企业向银行做担保，合作社以其土地或土地使用权、技术性权利（专利、著作权）和股权向担保公司做反担保。

本章重点阐述了这样三个道理。一个原理：灵魂资本对于财富增加而言，是最具有资本性质的真正资本，对创业的成功而言，是最具决定性的资本。两个本质：创业的本质是创业者自我再造的过程。资金的本质是保值增值的本性，职业金融机构的对象是优秀企业。三条道路：依靠自有资源、依靠项目优势和依靠政府帮助。因此，避开融资歧途，找到小额资金能够启动的项目，从小做起干起来才是创业的"真实历程"！

延伸思考

1. 举出你所知道的"扑空"的例子，分析其必然性的原因。

2. 简述创业的本质和资金的本质。

3. 分析"两个本质"之间的关系。

4. 举出依靠自有资源起步的例子。

5. 举出在项目优势基础上实现融资的例子。

Entrepreneurship

第七章

项目的来源与选择

创业是以项目选择为起点，以企业诞生为终点的具有生物属性的自然过程，呈现出顺序发生、先后承接的"选项—模拟—运转"三个阶段。这三个阶段不是逻辑推导和主观设定的，而是创业进程中客观存在的，是由因目标不同和要解决的问题不同而相互区别的特征差异决定的阶段。阶段不可逾越，顺序不能颠倒。遵循过程是创业自觉：先干什么，后干什么，再干什么，每个阶段要解决的问题是什么，问题的解决是目标的达成。

创业最直接的问题是要"创"的这个"业"是什么？这是项目选择问题，是创业过程的第一个阶段也是最重要的阶段。因为一个项目能够发展的优势，一定要在开始就决定。有了好项目，并不一定能成功。但没有好项目，一定不能成功！把握了项目的核心优势就是抓住了成功的一半机会，这决定着后两个阶段能够顺利地进行下去。本章首先讲创业规律对项目选择的规定，接着重点阐述好项目"产生"与"移植"两个基本来源，最后讲选择项目要遵循的程序。

第一节　用规律理解项目

选择项目是创业的开始，这个开始该如何开始，是被创业的固有规律所规定的。

对待项目的观念

魂与根同步生成的实践

创业基本问题对项目的规定

创业基本问题是魂与根都来自实践，首先是选择项目的实践：创业者是在创造、发现和培育项目核心优势——根的过程中，同时完成了对项目的理解、通透和把握——魂的产生。魂与根同步产生于选择项目的实践过程之中。实践是魂与根相互依存、相互创造、不能分割的同步生成的过程。

创业基本矛盾对项目的规定

创业基本矛盾是创业对 F 的需要和 F 生成滞后的矛盾。基本矛盾对选择项目的主导作用是在培育项目优势的过程中生成创业者。创业首要的能力是选择项目的能力，而这正是尚无创业实践的创业者所缺少的。能力只能来自实践的结论告诉我们，只有把发生、选择和确定项目作为一个实践过程，才能在选择项目的实践中获得选择项目的能力。

基本问题与基本矛盾共同要求选择项目必须是一个实践过程，是魂与根同步生成的必然性和魂与根产生的条件共同要求的。实践是形成创业者本事和项目优势的唯一途径。

主体与对象的长期融合

错误地选择项目的特点是偶然性和随意性，其根本原因是，创业者不知道创业是人与项目长期融合的生命历程。这是创业者首先要具有的重要观念。

项目是生命目标

把选择项目提高到生命目标的高度。这是选择项目的长远观念。人的生命历程是两点一线。现在是一个点，目标是另一个点，两点之间是生命的主旋律、基本内容和存在的形式。选择项目不是找情人而是找爱人，从选择开始就要准备终生相守，至少选择的出发点必须是这样。人与项目的融合是长期的。即便你选择的项目发现了潜在的需求，找到了市场缝隙，有附加值和特色等，那也只是万里长征的第一步，今后的每一步都是人与项目的融合，这个融合是人与项目的生死相伴，永远不会完结。这决定了选择是相互的。

自己是认识对象

既然是选择项目，创业者自然把自己作为选择的主体，把项目作为选择的对象。而规律决定的"融合"却提示我们：选择项目也是选择自己。不要把眼睛向外死死地盯住项目，不能把人与项目的关系片面地理解为人作为行为主体对项目客体进行选择，而忽略了自己也同样是认识对象。创业者对项目的适应能力、把握项目的可能性、操控项目的现实性等，事实上就是项目对人的选择，这种选择靠人对自己的理解来完成。所以，选择项目同时也是选择自己，例如审视自己的经验、优势、特长、兴趣等。而对"自己"这个认识对象的认识，其达到准确性的难度与重要性的程度一点儿都不亚于选择项目。这个自我认识同样是融合的条件。

源自规律的三个观念

选择项目的观念是用规律认识项目选择而产生的结论。选择项目必须是一个实践过程，这是一个重要观念。这里强调三个观念。

务实观念

创业之始，要把注意力放在事关项目生死存亡的地方，把资金的分分角角、把时间的分分秒秒积聚在这里，脚踏实地地去解决问题。把一切形式主义的东西统统抛在一边，这就是务实。而租房子、装电话、买计算机、配置办公用品等，对一个项目的存活有决定性意义吗？通常创业者做完这些以后就茫然了。

先难观念

在对项目的解剖中就应该知道项目的哪一个部分、哪一个点是最困难的。最困难的那一点往往是项目的关键，甚至是牵一发而动全身的要害。这是从项目是整体的认识出发的，这个困难之点是不可缺省的一个环节、不可逾越的一个阶段、不可替换的一块木板。总之，只要它占据项目中的一个位置，困难的便是重要的。这决定了要把这个最麻烦的问题最先解决。任何畏惧的心理以及车到山前必有路、船到桥头自然直的心理都是危险的。

生物观念

把一个项目看成是一个生命体，项目有着孕育、出生、成长、开花、结果的生命过程，这是一个自然过程。项目急不得，拔苗助长更不行。任何违背它生命本身内在法则的行为都是对项目的摧残。事实上有许多夭折的项目并不是项目自身没有生命力，而是被摧残致死的。最直接的原因是创业者发财的欲望是如此地强烈，就好像眼睛死死地盯住河对岸的硕大果实却忘记了要造一条船，扑通一下就跳进河里。

选择项目的路径

从创业是创业者与项目的融合的观念出发，可以按这样三个顺序来选择投资项目。

排除一大片

要知道能做什么，先要知道不能做什么。知道得越多，排除的面积就越大，注意力就会越集中。排除的对象应该是由大到小。首先是行业。有的行业本身是注定没前途的，一旦进入这样的行业，不论你怎样努力都是徒劳。其次是地域。有个故事说，有个地方有100户人家，每家有一元钱。你有很大本事，把所有人家的所有钱都赚来了，即获得了100元。还有个地方有100户人家，每家有10 000元。你本事不大，只能把10%的人家的10%的钱赚来，即获得了10 000元。很明显在第二种情况下，你凭借地域优势赚了更多钱。再次是资源。有限的资源将越发有限，对这些资源产生影响的化学工业，包括染料、农药、造纸等，都是要慎重涉足的地方。最后是不要依附，不要把自己生存的自主权利交给别人，一旦皮之不存，毛将焉附？

画出一个圈

寻找哪些事情是能长期做的。创业是一项最需要全身心投入的事业。成就事业的公认法则是集中和持续。让生命之火在一点上持续地燃烧，不发光才是奇怪的事。选择项目要有放眼未来的战略眼光。战略就是按照10年后的状况来规划现在。这就需要画出一个圈子，把社会恒久需要的事、人类面临的困难、露出端倪的趋势划进来。圈子里的事才具有发展的空间与时间。空间意味着有发展的广阔天地，时间意味着可以长期地做下去。

回头看看过去的20年中，做强、做大、做长的企业是生存在哪些领域，在很大程度上能够证实行业与发展的联系，比如房地产、互联网、医药保健、生态农业、节能产业、证券保险、建材装修、交通通信和教育培训等领域。

以趋势为例，任何一种趋势都是一个长长的链条，只要能够发现这个链条并抓住其中的一个环节，项目的根据和前景便大体确定了。举一个例子，由环境保护引发治理江河，由治理江河导致关闭中小造纸厂，由关闭中小造纸厂造成纸制品的供求不平衡，腾出了一块市场。如果用再生纸做资源去填补将会怎么样呢？这件事是注定能做大做长久的，因为与废纸回收相关的事是大势！

切入一个点

寻找一件你最擅长做的事情。在已经缩小的范围内可做的事仍然很多，现在是把眼睛转向自己的时候了。可做的事未必是你擅长做的事，发现了趋势后要特别地注意过程，因为只有过程对你才是有意义的。既然是趋势，它的发展是漫长的，在它发展过程的哪个阶段、什么时候、哪个点上切入，这才对你的创业目标具有直接的意义。如果忽略了趋势的过程，就无法找到趋势与自己的连接点，盲目地冲上去就是先烈。

考虑创业的时候，也是"自知者明"的时候。剖析自己，审视自己，思考自己的强项与优势何在。可能同时有几个强项，这时，比较优势的道理是有用的。与他人比较哪个优势是有利的，与自己比较哪个优势是最强的。这时，机会成本的概念也是有用的。用同样多的时间，同样的付出，比较哪个能力所对应的事业会有更大的前景收益。通过两个比较，优势会凸显出来。

理解项目的方法

对项目的考察再充分也是务虚，如果对它包含的内容尚未深入了解，对相关的东西并不真正清楚，对要素构成中的关键还没有找到，就谈不上对项目的把握。因此，要确定一个项目则先要认识，然后是理解，最后才是把握。这个过程开始于对项目的解剖。

理解项目信息的需要

项目首先是信息。不论是什么项目，在你能够运转它之前，对创业者仅仅是一个信息。一个项目是一个蕴涵着多种信息的一组码元。你要将它解码、复原，办法就是把它分解开来。任何一个项目从整体上看都是混沌的，只有解剖后才可能一个个地摆到桌面弄个明白，放到亮处看个清楚。对信息的拥有，远远不可等同对信息的理解！拥有不等于理解，因为理解只能是实践的过程。唯有解剖信息，才能使你的目光集中，渗透其中，理解得更加详尽、充分。

理解项目要素的途径

2001 年诺贝尔经济学奖的得主——三位美国经济学家提出市场经济的基础是信息，而信息对市场的参与者通常是不对称的。比如在金融市场上，如果没有证券委员会要求上市公司充分地披露信息，投资者就很难确定自己购买的股票的真正价值。又比如，在罐头市场上，只有卖方知道罐头的质量而买方不知道。这样，出售低质量罐头的人得到的额外收入来自出售高质量罐头的人的损失。如果创业者的项目来自市场，则信息不对称具有直接意义。有的项目来自产权交易市场，有的来自技术市场，有的来自公司和个人，也有的来自媒体等。凡是在这类情况下，创业者与项目所有者的信息肯定是不对称的。这时只能靠自己。办法就是先要透彻地了解项目，解剖信息是突破口。理解了这一点，办法是多种多样的。

目的是抓住关键要素

要把一个项目分成若干个单元分别研究。这个研究不仅要弄清每个构成要素的内在真实，还要找出其中最关键的起主导作用的单元。它的存在与否和真实与否决定了其他单元存在的必要。比如有一个野生植物的开发项目，可以把它解剖成四个单元分别研究。一是原料的采集，如果靠天然供给，存在有无环保和永续供给的问题。二是保健及药用价值的证明，存在仅仅停留在微量元素的含量和当地人的喜好上行不行的问题。三是技术可行性，要具体到萃取、浓缩、保鲜、包装这些实质性技术的可靠与否问题。四是成本与价格，要与同类功效的产品进行比较。在所有这些问题中，药用价值是最关键的。这个问题如果不能证明，其他问题都是没有意义的。这就决定了在制订模拟计划时，要把它列在最前面首先解决。

第二节　优质项目的来源

项目得以立足是因其具有某种优势、特色与差异性的创新。问题是有市场价值的创新通常是在实践过程中实现的，而实践之前的创新表现是想法（Idea）。Idea 在付诸实施的过程中，要么不可行——功能上难以实现；要么没价值——并不具有市场的真实需求；要么不经济——达到功能的以成本表现的价格不为市场所接受，这也是许多专利被束之高阁的原因。有一些 Idea 成为了事业成功的开始，但事实上多数以 Idea 为起点的项目，在实施过程中会发生很大的变化，甚至转变为其他东西。

项目需要创新而创新需要实践是创业基本矛盾在项目上的表现。怎么办？在已经存在的和已经证明的需求的基础上创新。这种创新叫做"生"——产生和发生的意思。可以把这种"生"比喻成生孩子：创业者是父亲，现实需求是母亲。父母亲结合生出的孩子是项目。这样的项目有很高的成活率，因为它继承了母亲现实需求的基因，同时具有与其他"孩子"不同的差异性，是传承优势与创造差异的统一。

总之，把创造与传承结合起来产生项目，是在已经被市场证明的现实需求的基础上的创新。这一节从三个方面阐述这样的创新是怎样发生与如何实现的。

从市场中来

"不"字

发现某个产品中的"不"：不方便，不完善，不安全，不环保，不简洁，不牢靠，不便宜，不必要。发现社会生活中的"不"：困难、问题和矛盾。发现现有服务、产业链条和经济模式中的"不"：缺陷、不足和错误。把这些"不"加以改进、完善和提高就是一个好项目。

体检专业化

体检在医院里是个"附带"业务。体检者像个没头苍蝇一样奔走在不同的楼层与科室，很不方便。

为什么不能在医院之外创立一个独立的体检系统呢？于是，一家专业体检机构成立了。第一笔大业务是为一家大单位的 8 000 多名职工做体检。

赶海

"赶海"是指为那些追逐市场大潮的人们提供服务。比如为那些淘金的人们供应矿泉水与牛仔裤。当大海退潮时，人们在海边捉螃蟹，挖海蛤，捡贝壳。这里借助"赶海"这个现象来说明项目产生的一个思路。

市场经济潮起潮落，多少人在注视这"潮"的涌起，一旦发现他们翘首以盼的商机便不遗余力地扑上去。大潮涌起本身就在创造一种需求，可以紧紧地跟在这个"潮"的后面，轻松地拣那些螃蟹、海蛤、贝壳，为那些急急赶潮的人提供物资、劳务、信息、保障等服务。

关掉家政公司

欧阳女士办了家政公司后，发现了这个行业普遍存在的问题，即服务人员的素质差。他们大多来自农村，文化、科学、法律意识欠缺。服务人员的素质成为了做好家政服务的关键。

一经发现立即行动，欧阳女士关掉自己的家政公司，转为培训家政服务人员。经过三年摸索，形成了成熟的家政培训体系，为不断产生的家政公司输送一批又一批的服务人员。

挖掘

挖掘是寻找隐蔽的资源，经过改进、提升、完善和转换而成为新项目。挖掘的本意是探求、寻找。行为指向是天然性质的隐蔽资源。挖掘是项目产生的一个途径：面向隐蔽的资源寻找而发现，提炼而结晶，加工而提升，成为有市场价值的东西。具有资源性质的东西大体可分为五个大类：自然的，文化的，历史的，风俗的，家庭的。

精美绝伦的桦树皮

大兴安岭盛产桦树。鄂伦春人很早就用桦树皮制造碗、盆、篓、摇车、针线盒。用火钳子烙上图案成了桦树皮画。然而，千百年来都是自己做、自己用。

大学毕业的山红，从鄂伦春人手里收购桦树皮工艺品在淘宝上卖。先是北京一家民族工艺品商店从网上找到她进了一批货。接着，一家开饭店的公司，要用桦树皮装饰店面。

从这时候起，她从零星采购变为定点加工，接着自行设计。一批批精美的桦树皮工艺品走出莽莽林海，走向全世界。

入链

入链是进入一个成长中的产业链中，成为其中一坏。经济活动是一个个系统，每个系统都是一个长长的链。每个链由多个环连接组成。链的特点是每个环都不能独立行动，把一个项目比作链中的一环，只要能够进入某个链中成为其中的一环，你就是链中人，上推下拉，想不动都不行。问题是进入哪个链？首先是与"人"的生活的永恒主题相关的需求。其次是与人类社会的困难、矛盾、问题的解决相关的事情。如果把链中的一环做得很专、很精、不可替代，你将十分了得。

牛羊吃什么

于老板在北京听专家介绍了"造牧草"项目。为防止草原退化，国家推行退牧还草政策。那牛羊怎么办呢？办法是圈养，圈养就不吃草了吗？这可是个大市场。

于老板向专家请教，能否把玉米秸秆做成牛羊吃的草，将其粉碎得很细然后打包运给草原的养殖户。他发现不同品种玉米的含糖量差别很大，就专门选择那些含糖量高的玉米秸秆做原料。两年来既卖草又卖大型粉碎机，产品火得供不应求。

入流

入流是指加入一个企业集团商业流通环节或供应配送的体系。市场竞争有新的趋势：国际上大企业间整合、重组、并购，商业巨头抢占销售终端，互联网谋划物流配送，企业竞争表现为大型企业集团之间、不同的物流配送网络之间、商业连锁系统之间的竞争。这个企业竞争的新特点启发我们，在创业项目的选择上，可以或加入一个企业集团运行的链条，或进入一个商业流通的环节，或参与一个供应或配送体系。

比亚迪

在有了电池生产的经验后，王传福发现，电池产业随着移动电话的"井喷"方兴未艾。于是，他做出了一个大胆的决定——脱离比格电池有限公司单干，在深圳莲塘的旧车间里扬帆起航。

当时，日本充电电池一统天下，他从一开始就把目光投向技术含量最高、利润最丰厚的充电电池核心部件——电芯的生产。事实证明，这是成功的关键所在。

目前，比亚迪以近15％的全球市场占有率成为中国最大的手机电池生产企业。

从自身中来

兴趣

"兴趣"是指把自己的兴趣变成能赚钱的项目。兴趣，有的与生俱来，有的后天养成，都是潜藏在自身的某种特质的外在表现，可以成为生命存在的形式，也可以成为事业目标的创业项目。有了兴趣项目，便在其中流淌才智，挥洒创造力，演绎生命的精彩，让幸福与成就融合为一。

千年老妖驴

王先生热爱旅游，去过中国多个名胜古迹，越过多个高峰，探险过多个森林，是"千年老妖驴"。

他开了一家户外旅游俱乐部。俱乐部既是流行的户外用品店，也是"驴友"聚集地。

会员都是户外运动的爱好者，相同的兴趣使他们打成一片。有"驴友"的支持，王先生的店也搞得有声有色。

优势

优势是把你所具有的强项、特长和某种资源转化为创业项目。如何确定优势呢？即与别人比，自己有的别人没有，自己突出的而别人很一般；与自己比，能够做好的事情有几件，其中哪件是最好的。怎样发现优势呢？先是对生活积累的审视。在自己的生命历程中形成了哪些技能，沉淀了哪些知识？再进一步分析哪个是最突出、最有用、最具潜力、最容易转化成市场价值的。

专门验车

唐跃从高中毕业后一直跟汽车打交道，学了两年汽车修理，又给人开了七年汽车，对汽车了如指掌。

买车的人对汽车销售商都心存芥蒂，"验车"不可以做一项专门服务吗？

他与北京交通台的资讯节目联动，向听众免费介绍购车知识。几期节目下来，生意忙不过来了，验一辆车300元，月收入过万元。

眼界

眼界是指通过增加见识而产生创业项目。目力所及要大，见识所及要多，思维所及要宽，好项目自然产生。《中国青年报》为一组

项目的来源与选择

青年创业的项目做点评：都是开店，好像创业就是开店。这是眼界问题。目力所及的范围太小，见识所及的事物太少，思维所及的领域太窄，创造的能力被创造发生的元素之贫乏限制了。做一件事需要专注，但在专注之前一定要开阔眼界，有了对比与选择的机会才有最好的项目产生。

淘宝网的产生

逗留美国期间，马云发现许多人愿意上一家叫"我买"的网站。原来，每家都有留之无用弃之可惜的物品，催生了"我买"网的兴旺。

顾客只要把想拍卖的物品送到"我买"店，"我买"就会为这些物品拍照，写说明，做分类，然后传到拍卖网上去。

就是这个眼界催生了国内淘宝网的诞生。

敏感

敏感是指对生活中接触到的某些事物，去联想它的商业价值。敏感是商业意义上的聪慧和灵敏。敏感是从哪里来的？基础性因素是来自商业历练中经验积累而产生的识别商业价值的眼力。直接因素是来自创业的想法长期萦绕在心头形成的一种潜意识，这种潜意识在偶然中与某个现象发生碰撞，一个新的项目就这样产生了。

鲜花插在牛粪上

漂亮的姑娘王红听邻居闲聊，说有个河南人打听有没有牛粪卖。说的人当笑话说，王红却听出了玄妙。

为了找到答案，王红请那个人喝酒。原来他们买去的牛粪是用来种植双孢菇的。1 千克双孢菇可以卖到 8 元钱，而且供不应求。

一头牛一天有几千克干牛粪，一天一头牛的粪可以挣 7~8 元钱。她开始晒牛粪了。一个夏天晒了 50 吨牛粪。那位客户以 5 万元的价格买走了。

从创造中来

复合

复合就是把两个东西放到一起形成一个新项目。两种原理、两种物质、两种功能都可以结合为一体产生新功能、新用途。复合可能吗？老子说："万物负阴而抱阳，冲气以为和"。自然界的一切事物都有复合的倾向，都是复合的产物。从人类社会到自然界，我们所见到的一切都是复合的结果。用什么去复合呢？用人的思维和创造力，让那些看上去不相干的物质与功能合二为一。

英语与餐厅

英语与角结合成为"英语角"，与聚会结合叫"英语 party"，为什么不可以与吃结合叫"英语餐厅"呢？

在北京语言大学的一个角落，有人办起了英语餐厅。

餐厅按苏格兰风格包装，从服务用语到菜单等都是用英语。门口设"海关"，进门先拿"护照"。请个黑人学生当"伦敦警察"，谁讲汉语就罚款。

借势

借势是指借助某种强势获得可为己所用的项目。项目的发生也可以借势，借什么势呢？可以借著名的绘画、知名的品牌、知名的人物、热播的电视剧、普及的概念、古老的传说、美丽的诗句、公认的信誉、知名的企业、轰动的事件、历史文化遗产，等等。

冬虫夏草

在青藏高原的草甸上有一种蝙蝠蛾，其所产数百个卵散落到地上成了幼虫。冬季来了，真菌孢子钻进了幼虫体内，借助幼虫的身体度过了冬季。夏天来了，真菌孢子靠蝙蝠蛾幼虫体内的营养发育，钻出来后成为"冬虫夏草"。

这就是"借势"！这孢子借别人的身体过冬，借别人的营养发育自己。

揭盖

揭盖是指在弄清某个事物的真相的过程中发现项目。许多事物的表现是混沌的，深入进去看个明白，发现真相就在其中。经济这个事物，大到一个行业，小到一个产品，细到一项技术，只有深入进去才能看明白，由理解到通透，要么发现一个空白或看到一种趋势；要么弄清其中的某种联系，找到问题的关键；要么产生灵感，创造出新的模式；要么学会机智地利用行业中的潜规则。这么多"要么"，只要一个就能产生一个新项目。

谁来包我

有一个姑娘发现了在高速公路旁做广告牌的奥秘：高速公路两侧30米以外的土地使用权是农民的，什么市政、交通、公路、园林、城管等部门都管不着。

她就在 31 米的地方立牌。农民们听说在他们的地里立块牌子就能赚钱，都高兴地签约了。

牌子上印上了一句话："谁来包我？"这被当做新闻上了报纸，引发了争议——这不是公开为"包二奶"做广告吗？

很快一家客户上门，与她签了一份一年 18 万元的广告合同。

整合

整合是找到各种独立资源和要素的关系，在它们的关系中发现利润点。把项目所需资源简单相加就是资源组合。整合是思维创造的功力：发现"资源之间"别人没有发现的联系，在新的联系中产生新的功能；把各自独立的利益关系联系在一起产生新的利润点；把自己可借助的各种优势集中在一点实现某种市场突破；在改变视角的前提下创造新的运作模式。

一个模式，两大资源

国内服装业面临转型：原料成本徒增，人民币升值，金融危机下订单减少，大量贴牌生产的 OEM 企业出口转内销，国内市场形成了拥堵。

想进入商场、超市，难免遭遇漫长的账期及高额扣点。中国服装产业焦灼又茫然。同样茫然的还有商业地产。大量的物业资源闲置，商业地产苦于招商困难，"待嫁闺中"。

王老板的设计是：生产厂家负责供货，地产商负责卖场建设，自己负责经营。在销售额中厂家得 55%，地产商得 15%，而自己得 30％。

就这样，王老板建立了一个"贩衣铁三角"。然后将这一模式复制到了全国。

缝隙

缝隙是指对某些成熟产品的薄弱点进行补充或改进而产生新项目。有许多产品有着很长的历史，在漫长的年月里留给百姓不可磨灭的印象，形成了稳定的消费群体。与它的历史久远相联系，其生产工艺和销售模式是成熟的。但生产经营者和消费者对它的缺陷也司空见惯，不去用心琢磨。有的产品没有标准化，有的产品在工艺上不讲究，有的产品不搞品牌推广，有的产品包装老套，有的产品在质量上存在欠缺，有的产品在某些功能上明显不足或多余。这就为创业者留下空隙：在接受这个产品的同时改进它的缺陷，强化、优化、细化某些功能。

苦竹笋

在欢迎宴席上，服务员端上了一大锅老鸭炖笋汤，清香四溢。客人端起滚烫的鲜汤，轻轻地呷了一口，"哇，好苦呀！"

这是用当地新鲜的苦竹笋炖的鸭汤。客人请教苦竹笋为何物？产地在哪里？售价是多少？其功能又是什么？听了县长的介绍后，他兴趣顿浓。

原来，这种苦竹笋生长在川南海拔 1 000 米以上背阳的山坡上，具有养颜、清热、排毒、止痒等药用价值。当地老人爱用苦竹笋熬汤给孩子喝，用苦竹笋熬的汤具有清热、消暑、止咳的功效。

经过考察，上海某药业公司投资 3 000 万元研发了苦竹笋系列保健品，产生了几亿元的市场价值。

第三节　项目移植的原则

项目移植是把现成的或别人的项目，通过代理、加盟和改进而变成自己的创业项目。一是"代理"，就是把别人的好项目直接拿来当做自己的创业项目。二是"加盟"，加盟一个好品牌做别人产品的加盟商。三是"改进"，对已经运作成熟的项目加以改造，变成自己的项目。

代理一个好产品

创业本事的修炼
创业靠本事

实践的历练是能力产生的途径。这就存在一个问题：许多人因没有创业历练而不具有这种能力，那就不能创业了吗？解决的办法只能是从小做起，在干的过程中获得这个能力，让能力的获得与创业的实践同步进行。这就需要一个能够让你从小做起的切入点，这个点是销售代理。

从市场开始

按通常套路，人们总是先把产品做出来然后找市场。如果产品在市场上表现不好，前期投入就泡汤了。为什么不可以用逆向思维的方式先做市场呢？问题是，先做市场卖什么呢？卖别人的产品嘛！在卖别人的产品中锻炼做市场的本领。有了做市场的能力与客户资源，可以把代理做大，做职业经销商；也可以生产自己的产品，给自己做"销售代理"。多少成功的创业者不自觉地走过了先市场后工厂的道路。

创业起步的策略

选择项目一定要与自己的资金条件结合，不能选择一个启动资金很多的项目，不能指望靠别人的资金来启动。而做代理，恰恰不需要很多资金。

借助项目优势

创造项目的核心优势不容易，也不是一日之功，借势就成为必要。借势是借助某种强势获得能够为己所用的力量。代理知名的品牌或知名企业的产品，是借了优秀的技术成果、公认的信誉、稀有的资源的势。

防范投资风险

创业的风险是项目没有做成，前期投入损失了。而代理一个好产品则没有这个问题。项目开发的过程，市场目标的定位，运作市场的模式，销售的基本工具都是已经具备的。你投入的资金与产品数量对应。即便是做不好，退出也是简单的，有资金损失也微不足道。

落实先后的办法

先打工，后做老板

"打工"是给别人干，"做老板"是自己干。"先打工，后做老板"

171

的意思是：为了自己干，先给别人干。代理一个好产品则是二者的统一。为别人销售产品，人家已经提供了基础条件，这很像是在打工。同时你独立运作，自主经营，做到效益与收益对等，这更是在创业。

先探索，后真干

"探索"是探路摸索，"真干"是真金白银地投入。"先探索，后真干"是在实实在在地干起来之前试一试。探索对理解一个项目是必要的。一是要知道自己做这个项目是否适合；二是检验这个产品的效用是否可靠；三是完成对项目构成要素的理解。三项结合起来是做好一个项目的资格，这个资格可以通过"代理"来获得。

先配角，后主角

市场这台戏中有许多角色。初上舞台的人应该扮演主角还是配角？主角是相关领域的领头羊、主导、主体。配角是产品流程中的配套、辅助、服务等。代理一个产品恰恰是在做配角。做配角具有起点不高、起步较快、容易生存、风险较小等优势。因为借助别人的技术、模式和范例，是跟随大势中的成功者并与之同行。

先务实，后务虚

务实是干实在的、有用的、重要的、紧迫的事。一句话，是干与你的产品能够卖出去最直接相关的事。务虚是干形式的、表面的、风光的、排场的事。一句话，是干与你的产品能够卖出去没有直接关系的事。代理一个好产品，一开始就做销售这个实实在在的事情，可以把那些形式的、纸上谈兵的东西统统抛弃。

先困难，后容易

创业全过程会面临许多问题。最突出的问题一定要放在首要位置下功夫先解决。而其他容易办的事情，花了钱就可以解决的事情可以缓一缓，随着条件的成熟顺便就办了。销售是创业中最困难的事情（除了核心优势的打造），一开始就接触这个最困难的事情，把它解决，以后的路就好走了。

选对一个好盟主

选盟主是指加盟一个连锁品牌。加盟一个好品牌比代理更直接，更容易上手，更容易成功。关键是选对一个好盟主。

选对盟主是关键

加盟并不是自己开发一个产品、打造一个品牌、创造一个模式，而是克隆、复制。那么这个"底片"的好坏就是关键。什么样的"底片"是优秀的呢？首先是有生命力的行业。通过加盟来创业要有长远观念，项目必须是与人和社会发展趋势紧密相连的恒久需求。其次是有生命力的品牌。特许加盟在我国还不成熟，鱼龙混杂，潮起潮落，洗牌不断。这就要求创业者保持冷静的头脑。比如警惕虚假承诺。

正规的加盟企业对加盟者都有资格审查程序，不仅要求有资金，还要考察你的商业活动经历和管理能力。如果是给出特别高的回报则要警惕。但凡有过操作实业经历的人都知道，正当的生意不可能有这样高的回报。再比如小心全额权利金。要求加盟者一次性交纳合同期间的全部资金，这样的要求有悖行业规则。多数连锁加盟是一年交纳一次，也有季供、月供的。

选对盟主有办法

首先，认真审查对方的相关文件，包括法人资格、注册商标、专利证书以及可供传授的经营模式、技术诀窍等。其次，注意各种费用条款，包括加盟费的数额、交纳期间、交纳方式以及加盟费以外的费用。再次，了解投资人必须获得的权利，包括经营技术、商业秘密、开业前培训、新资源与信息共享、相关物品的供给等。

最后，也是最重要的，要直接考察已经加盟的店。请对方提供一份加盟店的名单亲自去考察。最简单的考察办法是以顾客的身份去消费，深入了解的办法是以打工者的身份去工作，实实在在地进店干上十天半个月，就什么都了如指掌了。如果是个好品牌，你掌握了运营的要领；如果不是好品牌，也有了不加盟的依据。

对于品牌要忠诚

一旦加盟了一个品牌就要高度忠诚，因为忠诚是成功的保证。不可高枕无忧，不要以为选好了盟主便万事大吉，可以守株待兔、坐地收钱了。还是要全身心投入，扎实做好每个细节，全心全意体会技术与模式的精髓，逐渐消化成为自己的东西。成熟的品牌是经过多年时间的探索，几代人积累的结果，不要轻易改动：偷工、减料、提价、省略某个过程、忽视某个环节，都万万使不得。选对盟主就是事半功倍。忠诚于品牌就是忠诚于自己。

总之，要知道什么是有生命力的品牌，什么是负责任的加盟商。已经存在三年以上的时间，是重要的标准。要知道什么是成熟的技术和模式，品牌的真实与内涵如何，到要加盟的店中去打工，是了解的最好办法。

改进一个好项目

改进是指对一个成熟的项目，通过适合自己的改善方法使之变成自己的创业项目。

移植的必要

规律告诉我们：项目质量是决定成功的首要和关键问题。而创业者总是在没有实践进而不懂项目的情况下选择项目。事实证明：选到好的项目是初涉创业的人不容易解决的，即便是解决得好，也注定需要较长的时间。为了保证项目的质量而较快地开始运作项目，对已经存活的项目进行活体移植就成为必要。活体移植是直接拿来成功的范例、经验和模式，学习他人的创意、思路和办法。

移植的标准

能够作为移植的项目是有着至少一个时期的运作实践，相对稳定和成熟的项目。在稳定与成熟的优质项目中，能够移植的优质项目必须具备四项标准：一是该项目的核心优势明显；二是市场目标准确；三是运作流程简单；四是盈利模式清晰。具备了这四项标准的项目，就可以进行活体移植。

移植的对象

要在较短时间内发现一个好项目，理解并掌握其内涵，实地考察是一种实用方法。去项目生产和运营的现场进行直观的调查，会透彻地了解一个项目的真相。考察重点是四项标准。为了解四项标准则需要了解企业生产流程、产品、技术、设备等方方面面。越是考察得详细，越能学到东西以为自己所用，获得模仿经营的启发。对别人的做法，有些可以直接拿来应用，重要的是启发自己的思维，拓宽自己的思路，进行适合自己条件的改进或改造。

移植的方式

移植可以选择进行相关专业的培训以及掌握技术问题的培训，也可以到目标对象中自我培训。因为听明白、看清楚的事情与自己做还是不一样。有些项目有知识产权、市场竞争等问题，可以通过股权合作、技术转让、市场分销等适当方式解决。如果能够在某项目的基础上进行实质性创新，则可以规避一些问题。

校内网

王兴带着创业计划登机回国。看到社会性网络服务（SNS）网站 friendster.com 在美国的成功和这种模式在国内的空白，他前后创立了好几个 SNS 网站。

2005 年秋，他决定要专注于一块市场：大学校园 SNS 网站。他们学习美国的成功例子 facebook.com，综合之前在 SNS 网站领域的经验和教训开发了校内网，发布 3 个月吸引了 3 万用户。

2006 年，校内网被千橡收购并更名为"人人网"，成为一家综合性互联网集团公司。2011 年，以旗下社交网站"人人网"闻名的人人公司在美国纽约证券交易所成功上市，融资 7.4 亿美元。

第四节　选择项目的程序

选择项目是指创业者面对多个项目决定做哪一个。与选择项目有关的问题通常有：因"找不到"而烦恼；因"做哪个"而犹豫；因"怕上当"而惶恐；因"没有底"而徘徊；因"开头难"而停滞。该怎么做呢？把选择项目的过程规定为三个步骤，让好项目在正确的程序中产生出来。

先做加法

"做加法"就是开阔视野。视野是你的眼睛能见角度的宽窄，目力所及范围的大小，看到事物的多少，内涵与品质的高低。这宽与窄、大与小、多与少、高与低，对选到一个好项目有着特别重要的作用。

思维局限的表现

选择项目的突出问题是视野狭窄，能想到的项目就那么几个，这时思维被框在了一个圈子里，眼界被限制在一个小范围内。打开一个框子就如同打开一扇窗户、看到一片崭新的天地，这时会发现，原来可做的事情有这么多！知道得越多，就越有机会发现最适合自己的项口。为了打开视野，首先要知道人的思维是受到眼界局限的。

177

面对创业项目的思维局限表现在以下几个方面。

产品种类

在产品种类上，通常是面对个人消费或终端消费，一般人不知道社会的总消费中的70%~80%是生产性消费。生产性消费的门类、种类之多，数量之大远远超过生活消费。

行业种类

在行业种类上，通常是传统加工业。传统加工业不是不可以做，但需要有某些特殊优势。问题是在这个行业之外有着不断产生、相对隐蔽的新行业或业种。

项目形式

在项目形式上，通常是首先想到开店，包括实体店与网店。店不是不可以开，但要发现强于同类的差异性在哪里？即便是开店，也不一定要铺面。无需硬性投入的经营模式很多。

获利类型

在获利类型上，通常是直接而非间接的。获利的途径有几百条，直接获利只是其中的几条。许多事情的切入点是没有利润的，但做下去的利润就大得不得了。

获利时间

在获利时间上，通常是短期而非长久的。许多项目都需要较长时间的准备。越是有独立优势的项目越需要花很大的气力打基础以形成商业价值。

资本投入

在资本投入上，通常是货币领先，首先想到做这件事需要多少钱，忽略了智慧才是财富的真正源泉。没有智慧与资源参与的任何货币投入都很难产生利润。

服务对象

在服务对象上，通常定位为年轻人。他们的消费范围和消费能力是有限的。似乎不知道在这个群体之外，有着太多具有特定需求和很强消费能力的群体。

思维形式

在思维形式上，通常是模仿别人而不是在已经存在的需求的基础上，通过改进或复合等方式创新。注重"实"的项目而忽视"虚"的项目。只看到"有形"的事情而看不到"无形"的事情。

打开视野的办法

要开阔眼界则必须打破这些框子。要打破这些框子则必须相信：经验、阅历、知识积累对任何人都是有限的，信息不对称是绝对的。只有这样，才能有意识地开阔自己的视野，知道好项目有那么多。怎么才能开阔视野呢？

多看

看财经类杂志，看财经类人物的传记。比如《商界》，如果你一篇不落地看上 10 本，你的视野就不同了。使你有兴趣，能够让你激动的项目就不会少于 10 个。

多参

参加博览会、产品展销会、贸易洽谈会。如果你对某个行业情有独钟，就参加这个行业的博览会或贸易洽谈会，还有专门展示项目的"创业项目洽谈会"。

多走

多走一些地方，留心看，仔细看，带着研究心态去看。对有兴趣、有创意的事物，还要去问、去聊、去观察、去体验。如果能到国外走一走就更好了。

多识

多认识企业界人士和专家级人物。与他们相识会有别样的感受和意外的收获。当你对项目有明显的倾向的时候，认识这个领域的专家就尤其重要。听他点拨几句胜你摸索几年。

接触重量级的人物，要大胆主动，不要"怵"，相信他们是愿意帮助和教导年轻人的。打电话或登门拜访要准备好说什么：开门见山，直奔主题。言简意赅，实话实说。有要求则用请教的方式表达。

再做减法

打开眼界后会发现很多项目，这么多的项目该做哪一个呢？接下来是要"做减法"。比如你"海选"了20个项目，现在要一个一个地往下减。根据什么减？根据"排除"和"慎重"的标准。无论哪个项目，碰上不能做的要放弃，遇到慎重的要审视自己的条件与能力等。

需要排除的项目

政策限制的

国家明确规定了有些领域是民间投资者不能进入的，有些行业的发展是在限制之列的。

夕阳行业的

许多传统行业已经逐渐消亡，许多传统技术已经被新技术所替代，许多传统的消费习惯已经逐渐消失。

不环保的

这是高压线，只要与影响环境有关的项目一旦碰上，不死掉也是后患无穷、麻烦不断，除非你有解决的办法。

资源紧缺的

原料、材料、辅助材料绝对量日益减少的，或者被国家和垄断组织控制的。

技术不领先的

没有领先的技术，产品就不可能有较强的功能、较低的成本和突出的特色，也就先天地失去了竞争的能力。

需要转变消费观念的

消费观念的转变是政府、社会、多个企业多年时间才能办到的事情，依靠一个企业的教育几乎是不可能的。

起步门槛很高的

起步门槛包括资金数量、起点规模、技术含量、工艺难度、检测过程、认证标准等。比如启动资金很大，在不能充分证明项目的优势的时候，不要指望外部资金的介入。

需要慎重的项目

季节性强的

不绝对排斥，但季节性的销售终归要面对生产与销售的不均衡、市场信息反馈的迟滞、资金占有的增大等挑战。

重量与价值比偏大的

这类产品是指那些单件产品重量很大但价值很小，这样的产品的毛利润会被运费吃掉，几乎无法开辟外地市场。

易燃易爆的

这种项目必定增加生产、储备、运输、销售的难度和风险，并时刻受到有关部门的监督。

安全难度大的

比如食品，特别是儿童食品，没有对从原料采购、到生产加工、到分销渠道的全程监控的把握，就不要涉足。

目标群消费能力很低的

如果你的产品面对一个消费能力低下的群体，又不可能在短时间内形成规模，盈利是困难的。

不可持续的

有许多事情，短时间看可以，长时间看就不行，种种原因导致不能长期做下去。

直接面对强大对手的

对方已有品牌、技术、市场和消费者认知，密集地占据你所在的地盘，与其直接对抗是不明智的。

没有清晰客户目标的

你的东西是给谁用的，是不是得到了证实，这些问题是不是已经很清楚了。

严重依附于人的

如果你的存在是建立在"别的存在"的基础之上，而这个"别的存在"又是自己不能控制的，终究有麻烦。

排序测试

排序是应用标准对余下的项目进行可行性测试的列队。测试是
按照可行性的序列对产品的目标和功能进行检验。

标准排序

要对剩余的项目进行排序，则先造两把尺子做标准：这两把尺
子是市场需求和自身优势。用这两把尺子把余下的项目一个一个地
度量，项目的需求强度和优势程度就一目了然了。

先造两把尺子

一是市场需求的尺子。需求必须是直观而具体的，这就需要把
标准表现为五个单项刻度：正当的、恒久的、潜在的、有支付能力
的、客户目标清楚的。二是自身优势的尺子。优势是创业者本身具
有的强项。优势作为标准也表现为五个单项刻度：专业的知识、经
验的积累、拥有的资源、独有的强项、特别的兴趣。

用尺子度量项目

先用第一把尺子度量项目，每个项目占有"需求"的得分就出
来了。再用第二把尺子度量自己，自己对这个项目所占有的"优势"
的得分就出来了。每个项目都会有两个得分，把两个得分相加就有
了这个项目"可行性"的绝对值。接着，按照绝对值的大小排个顺
序，按照顺序逐一考察。从最大值开始，进入项目选择的最后一步：
市场测试。

市场测试

按照上面的步骤筛选出来的项目，只要程序正确，内涵真实，就应该是好项目。对这样的项目，就应该开始运作了吗？不行！还要用试验的办法去测试。

测试目标

要知道四个问题：哪些人买你的东西？为什么要买你的东西？你的东西比同类产品更好吗？你的东西能够满足未被满足的需要吗？

测试要点

利益是关键。利益是需求的满足或实现，是吸引消费者放弃原来的产品而选择你的产品的核心。利益是产品对需求的满足。满足有两种情况：一是这种需求已经存在但还没有被满足。二是已有产品能够满足消费者的需求，你的产品比已有的更好。

测试方法

你的产品要卖给谁，那就让他用，他说行就行，他说不行就不行。强调测试的方法不是"问卷调查"之类，而是"让用户说话"。

电动扳手

一个国企的厂长找同学谈一个电动扳手的项目，电动扳手是给汽车换轮胎用的。电动扳手的先进性在于省时省力。厂长介绍了拥有该项目的公司如何正规，发明者有多少个头衔。拿出一摞文件，有专利证书、技术鉴定书，还有广阔的市场前景分析报告。

同学说，姑且认定这些都是真的，能说明什么呢？如今道路状况改善了，扎胎的事情很少了。现在司机使用手摇和脚踏扳手换轮胎，省下那 10 分钟司机是否在意？用汽车电瓶里的电，司机是否愿意？比脚踏扳手多花 200 元钱司机是否乐意？这些问题的答案是关键。把样品拿来交给司机去用，他们说行就行。

厂长听了同学的意见后放弃了这个项目。

几年后，这个同学注意到报纸上的一则消息："红阳机械公司陷入停产状态"。一项专利产品——电动扳手出现在该公司经理面前。该公司购买了电动扳手的专利。协议一签，立即轰轰烈烈地干起来了。工艺标准化后，4 个月生产了 10 000 台电动扳手，在库房里堆积成小山。四个推销小分队奔赴全国各地，到轿车生产厂、出租汽车公司、汽车维修店去推广。几个月下来只销售出去 36 台电动扳手。

一天，经理无意间听到司机说："那劳什子，送给我都不用，既费马达又费电，还不如我的手摇扳手。"司机的一番话彻底击碎了经理的美梦。望着堆积如山的电动扳手，他流出了悲伤的眼泪。

选择项目是创业过程的最重要阶段，一个项目能够站住脚的优势一定要在开始就明确，明确与否决定着后两个阶段能否进行下去。

确定项目是一个实践过程。项目选择错误的根本原因是缺少认识和判断项目的能力，办法是把选择项目作为一个实践过程，在选择项目的实践中获得选择项目的能力，让"魂"与"根"同步产生于选择项目的实践过程之中。

延伸思考

1.为什么说选择项目是一个实践过程？

2.选择项目要树立哪些基本观念?

3.举例说明你对"生"出项目方法的理解。

4 为什么说"代理一个好产品"是创业起步的好办法?

5.叙述"选"出一个好项目的四个步骤。

6.举例说明由于开阔视野而发现的好项目。

7.进行一次测试新产品的试验并写出测试报告。

Entrepreneurship

第八章

不可逾越的模拟

第八章
不可逾越的模拟

模拟是创业过程的第二阶段，是以探索的方式完成对项目特征的理解，以试验的方式完成对项目可行性的确认，以建立小规模系统模型的方式，完成对动态的项目要素的综合把握。这体现了对市场不确定性的应对和为了获得能力而对实践的选择。

这一章，首先证明作为模拟必然性的三个矛盾的存在，然后说明模拟对解决矛盾、规避风险和制约非理性思维的作用，最后，明确模拟所要实现的目的和详尽的模拟方法。

第一节　模拟的必然

模拟上承项目选择，下接运转实现。创业起始，首先要完成对要素和资源的磨合以建设动态系统。在这个阶段，创业者面临着意识不到的三个矛盾，决定着模拟作为创业过程中一个不可逾越的阶段的必然性。

无法超越的存在

在创业初期所做的事情都具有试验性质。这便产生了一个矛盾：本来属于探索的对象却当成了确定的对象；本来属于试验的内容却要当做真实的内容。本来是探索与试验性质的事却实实在在地做。这是用实战的方式进行事实上的演习，是用演习的本事去应对真刀真枪的实战。这就是运作项目的开始遇到的演习与实战的矛盾。

没有试验意识的试验

创业者在创业起步后的一个时期里通常要干什么？首先是整合，即对与项目相关的各种资源和要素进行磨合以建设系统功能。其次是摸索，即对核心资源及其相关要素，如技术问题、设备、工艺、标准、销售通路等进行探索。最后是检验，即对目标和计划中的主要内容在实践中逐一检验。

所有这一切行为，不论是所要达到的目的还是内容本身，本质上都是试验，真正意义的试验。这个试验是运作项目必须面临的、绕不开躲不掉的问题；是创业开始后的一个时期必定经历的一个过程，一个回避不了的过程。因为它是一个存在，一个巨大的存在，一个不能忽视的存在，不论你承认与否。

进行这种试验的结果

这是一个隐藏得很深的、不为人们所知晓的存在。在创业的航船起锚时，最先驶入的是一片隐藏暗礁的水域。这是一片不能绕行，不可以跳过的水域。由于对这个巨大存在的无意识，就出现了我们所见到的太多的景象：

一开始就遇到诸如技术成熟程度问题、经营模式问题、通路阻塞问题、产品功能实现问题、基础设施配置问题等种种问题。尽管前行的愿望是那么急切，却始终不能摆脱层出不穷的棘手问题。就像在山里迷了路，不由自主地以出发点为半径徘徊。

可能曾一度获得运转的机会，或暂时具备了运转的条件，但由于基础不稳固，到处起火冒烟，迫使你到处救火、疲于补板。忙碌之中弄不清哪里是火种，哪一块板最短。按下葫芦起来瓢，有时还没等把一个葫芦按下去就起来几个瓢。

这样的忙乱不可能持续多久。一个磨合中的不稳定的系统，不论哪个部件、哪个构成要素、哪两个点的衔接出了问题都会导致系统崩溃。事实上许多创业是在这样的混乱中瘫痪的。

把演习与实战混淆

在这些现象的背后有着一系列混淆。混淆了真与假：把有待证实的东西，当成了启动项目的前提。混淆了先与后：把本应该事先准备好的事情，放到了项目展开之后。混淆了多与少：给本来用少量资金就能够完成的事，投入了超过必要限度的资金。混淆了大与小：把可以个别完成的事，拿到有规模的系统中来做。

概括起来是混淆了演习和实战。要么是用了没练好的兵去打仗，要么是用真枪实弹的战场来练兵。结果，失败像计算机的程序一样被预先设定着，接下来的程序是反思。老板们怀着无尽遗憾与深深的痛楚在反思，学者们用序数罗列着无尽的评说。

如果我们抛开具体的个案，跳出对过程与情景理性描述的框子，站在一个高度透视现象下面隐藏的东西；如果跳出直接的因果关系的思维方法，追究一下在创业这个领域中有无规律可循；如果超越用概念切割实践的习惯，把创业比作一个人的孕育、出生、发育、成长，这样，我们就会清楚地看到一个巨大的存在：模拟是创业过程中不可逾越的阶段。

令人吃惊的回望

不论是物质产品还是服务产品都是一种有效用的功能。创业者是功能的创造者，功能的有效与否的最终决定是功能使用者的货币选票。功能制造者不是功能决定者，而功能决定者不是功能制造者。这是市场未知性的表现和创业风险所在。这个矛盾就是：功能创造与功能决定的矛盾。

计划与结果的差别

每个成功的创业项目，每个良性循环的企业，如果把它们现在的生产服务的内容、赖以生存的竞争能力和市场目标等，与创业之始的计划作一个对比，都会惊叹差别太大了！项目运行的结果与当初的计划完全一样的几乎没有。这是一个不必争议的事实。注意到这个事实是为了追究其背后的原因。原因来自市场的未知性。一是市场的不确定性因素太多。这些因素不是靠调查或统计资料能够把握的。二是市场变化太快。为适应变化的市场则要不断地对计划中的内容进行调整与变更。市场未知性决定了计划和结果之间差异的必然性。

功能制造的试验性

不论哪种产品与服务，都要以功能为基础进行市场定位：用特定功能满足消费者的特定需求。这就有了功能与定位之间的联系，这种联系是相互决定的一种关系。功能会影响消费，但货币选票才使功能最后得以确认。这就产生了一个矛盾：功能的创造者不是功能的决定者，功能的决定者又不可能对尚未产生的功能做出什么决定。矛盾作用的结果产生这样一个顺序：创造者先把功能创造出来，功能的决定者再对其进行选择。这个顺序对功能创造者来说是在创造可供选择的、等待检验的样品。功能的事先创造和消费者的最终选择，共同决定了产品的样品性，产品的样品性又决定了创造的试验性。

模拟的必要性

模拟的客观性正是建立在功能的样品性、创造的试验性的基础之上的。创业者对功能决定与功能创造的矛盾是无意识的。他们的做法是这样的：创业者揣摩消费者心理，猜度目标群喜好而精心设计、精心施工。然后他们以为尽善尽美、无可挑剔了，于是底气上来、胸有成竹了，开始有规模地制造与营销。可是一旦进入市场，较大面积地与消费者接触，其结果会迫使创业者想起几个词：闭门造车、纸上谈兵、一厢情愿。

面对市场对功能的否定或部分否定，迫使创业者不得不把以往的投资看做是一场试验。问题是，这不是通常意义上的试验，不成功就从头再来。功能的背后牵涉了许多问题：功能决定着标准，标准的背后是工艺装备，装备的背后是技术等。由功能决定着的这些问题都要相应地改变。功能的改变是牵一发而动全身的系统工程，不论是产品的制造还是服务。

上述情况产生了两个结论。一是再丰富的想象力也无法代替市场的选择，功能被市场决定的事实，使得产品具有样品性，生产具有试验性。二是功能的产生是资本要素综合作用的结果，它决定着标准，进而决定着工艺技术和必要的规模。于是，产品的样品性与生产的试验性共同要求：在创业的起始阶段，规模要小，小到以能够产生功能为限。这里，把功能创造的试验和创业起始的小规模运营叫做模拟。

创业者的两难境地

创业是创造性的实践活动，获得这种能力的唯一途径是实践的历练。而创业者通常是在没有实践经验的情况下开始实践，在不具备创业能力的情况下进行创业。这便产生创业对能力的需要与能力产生滞后的矛盾。矛盾决定了能力的获得与产生能力的实践必须同步进行，同步在小规模的探索性实践中。

创业是创造性的实践

创业是有着非常突出特点的行为，概括起来即创造性的实践活动。创业行为是具体的、个别的、特殊的。哪怕是完全相同的项目，也会由于时间、地点、规模和内外部环境的差异而不尽相同，创业进程中遇到的矛盾更是没有可比性。因此，创业的个别性和差异性决定了创业的特殊性，特殊性决定着创造性。创造性来源于多种知识的综合与丰富的实践经验。

听十个旅行故事也不能代替自己的一次旅行体验。案例是对经济活动中一个事件的描述，有三个难以克服的缺点：一是它只能描述基本过程和主要环节，不可能对事件发生的细节进行真实的描绘，而实践的价值往往存在于这些细节之中，某些细节之精妙恰恰是行道的精髓，只可意会难以言传。二是案例难以深入到当事人的头脑中，捕捉那些瞬间的思维活动与艰苦的选择过程。三是案例无法阐述清楚事物的内在复杂性。一项决策和一个行为所包含的东西不像结果那样简单。比如，看似错误决策中包含着正确的因素，而许多辉煌的背后却掩盖着荒唐。许多当事人的企业活动被编成案例。当亲历者看到它时，感到事件丰富的内涵和细节的真实荡然无存而难以对号入座。创造能力所需的实践历练，是案例教育所不能替代的。

创业者面临的矛盾

既然创业的能力只能来源于创业的实践，对初次创业的人来说，事实上面临两难的处境：书本知识不能给予创业的能力，能够给予创业能力的实践经历却并不拥有。这样的处境使得创业者只能在没有能力的情况下开始实践。面对这个矛盾，通常的结果有两个：一是知用兵之害者望而却步；二是把创业当做勇敢者的运动而败下阵来。胆怯和莽撞都不可取，那么就没有第三条路了吗?

解决两难的选择

面对两难的境地，办法是模拟。用模拟的观念、模拟的方式来开始创业的实践。模拟对获得创业经验、增长创业才干而言是一所学校，一所自己为自己建造的学校。其教育作用是其他任何学校不能代替的。模拟针对创业的整个过程和最终目标的实现是一项准备、试验和演练，是依顺序地进入运转的前期工作，是继往开来的序曲，是创造性能力的源泉。可见，模拟的必然性来源于实践对增长能力的重要性，模拟是面对两难问题的最佳选择。

昂贵的试验

老赵的第一个实体项目是生产强化固体燃料。一年时间经历了轰轰烈烈—苦苦支撑—住院反思—从头再干4个阶段。

轰轰烈烈。从立项到形成规模生产能力仅用了4个月。正当他沉浸在骄傲的亢奋中时，问题接踵而来：定型设备罐装机不好用的问题，成品属易燃物铁路不给运的问题，技术转让方承诺的订单不兑现的问题，最严重的是产品的质量问题。电话里一次次传来大客户的狮吼雷鸣。产品在即将燃尽的几秒钟会发出呛人的辣味。这是怎么回事呢？

苦苦支撑。有辣味是配方问题、原料问题，还是反应温度问题？无论是什么问题，装置都要停下来，货要拉回来，庞大的固定费用却要支付着，资金像漏水的缸只出不进。结果一塌糊涂，一败涂地，一筹莫展，100万元没了。

住院反思。大病一场住进医院一个月，思考一个月，想明白了一些问题：技术的优势与缺陷、工艺设计的合理性、目标客户究竟是谁、生产能力与市场容量、开拓市场的能力与经营规模的设定，等等。

从头再干。两个月后另起炉灶，投资5万元两个月收回。以后的时间，每月净利润2万~3万元。100万元干失败了，5万元干起来了。这是为什么？

没有第一次的失败就没有第二次的成功。对于第二次的成功而言，第一次投资就是一次试验。试验是必要的，但需要这么大规模吗？需要这么长时间吗？需要花100万元吗？对于这些认识成果，花几万元也可以达到目的，为什么白扔 100 万元呢？

第二节　模拟的作用

创业者在开始运作项目的时候，会面临他意识不到又不能回避的三个矛盾，即演习与实战、功能创造与功能决定、创业对能力的需要与能力生成滞后的矛盾。应该认识到这三个矛盾是客观存在的，从承认矛盾的存在出发，用模拟的方式来应对三个矛盾。

办法是把模拟设定为程序，即在选择项目之后，以探索的方式完成对项目内在要素的理解，以试验的方式完成对项目可行性的确认，以建立小规模动态系统模型的方式实现对要素综合的掌控。

模拟，作为应对三个矛盾的程序设计，对创业的成功有着重要的作用。这一节重点阐述模拟对化解投资风险、制约非理性思维和确证项目中关键要素的真实与可行的作用。

化解投资风险

创业风险不言而喻。应用什么来规避风险？

规范创业的过程

深谙战争之道的人总是把自己不被敌人战胜放在首要位置，并通过战术原则来体现。"打不赢就跑"，"敌进我退，敌驻我扰，敌疲我打，敌退我追"。用简明的战术原则实现战争之道，为战争设置一个不败的程序。用程序体现理性规范行为是人类的发明，是社会文明进步的重要成果。最值得自豪的是法律。司法的程序被当作法律，是司法体系的一个不可分割的部分，是司法公正的保障。

同理，我们也能为创业不败设置一个程序，用程序来控制行为、制约进程、保障资金安全。这个程序就是模拟。把模拟设置为创业程序，体现了对试验性必要存在的承认，是为获得能力而对实践的选择，是对市场不确定性的应对。

懂得过程的重要

他人成功的激励，是创业行为发生的一个原因，就其本身而言无可非议。事情往往是这样的，被激励的人们看到的是别人成功的结果，而忽略了别人成功的历程。而有意义的恰恰是这个历程所包含的创造性、启发性、戏剧性、惊险性的内容。成功仅仅是这些丰富内容的阶段性结果。创业者忽略过程表现为简单地效仿和形式地照搬。

如果我们在创业中设置一个程序，不是照葫芦画瓢，而是从葫芦的生长开始，用一种学习心态、一种探索的姿态、一种试验的方式去对待创业，就是创造性地重复成功者的道路，从中体会成功过程的奥妙，为成功做扎实的准备。

限制非理性行为

模拟一经被设定为程序，一些非理性的行为就会受到限制。比如，创业者被利益驱使出急切的情绪，表现为盲目地追求规模和速度。再比如人性中高估自己的得利概率和高估自己能力的弱点，会在模拟中暴露出来。还比如项目本身的缺陷有时与人的弱点交织在一起，由此产生的破坏性也同样会受到模拟程序的制约。

模拟被硬化为程序，防止、制约、限制着这些不以人们意志为转移的、对创业不利的因素发生作用，起到化解风险的作用。创业者的风险意识主要表现在"未战而庙算"。许多创业者算到 70％~80％ 的成功概率便觉得可以了，剩下 20％~30％ 往往就忽略不计了。模拟的意识表现的程序设计决定着以下两点：一是对"庙算"的胜算要有试验意识；二是对风险要做出安排。所谓安排，就是要对几种可能风险设计出变更方案，而不是毕其功于一役的豪迈和破釜沉舟的勇气。一旦技术上出现了不曾预料的事，一旦市场拱不动，一旦设计的商业模式不好用，一旦现金流中断，系统的空转是谁都不能承受的。

飞行模拟器

为培养飞行员专门设计了一种训练工具，叫做"飞行模拟器"。模拟器中有 300 多种状态，包括了飞行进程中不经常遇到的、在极其偶然的条件下才可能发生的情况，每一个环节都模拟到非常细微之处。

它的全部程序都是虚拟的，但虚拟到真实的地步，几乎与真正的飞行没什么差别。所有的飞行员在正式飞行之前，都要通过这个模拟器的训练，合格后才有资格上天。

制约偏执心态

通过把模式设置为程序可以防范风险，也可以制约具有普遍性的创业者的偏执心态。

心理偏好的产生

如果把理性解释为科学的认识能力和思维能力，创业中的理性，首先是对创业项目有比较深刻的理解和把握。而人的行为并不总是理性的。尤其是一旦开始创业活动，会不可避免地产生一种非理性的思维定式。先是心理偏好的产生。创业者看好了一个项目，对利益的追求一旦落实到具体目标上，追求目标的过程就会强化着实现目标的愿望。日益强化的愿望通过持续的注意而产生心理偏好。心理偏好一旦产生，就自然转化为对目标本身和其相关假定的信任。

向偏执心态转化

是目标强化了愿望，是愿望产生了注意的心理现象——心理活动对特定事物的选择，是"注意"把意识固定在目标上产生了"心理偏好"。心理偏好什么就信任什么，信任的持续自然地过渡到偏执，产生偏执心态。这种被不断加强了的信任是宗教般的偏执心态，表现在对待项目上的义无反顾的气概。在许多人看来不可行的事，当事人却信心十足，直到撞到南墙头破血流方如大梦初醒。

偏执心态一旦产生，当事人的思想就像久旱的沙漠，疯狂地吸吮、关注、搜索、捕捉、吸纳一切对目标有利的信息：一个梦，会想象成神的启示和命运的召唤。相反，对一切善意的提醒从感情上自发排斥，对已经呈现出来的危机视而不见。为什么？这说明人已经进入一个思维定式中：心路进入一个轨道，并沿着这个特定的轨道滑动。思维被框在一个圈子之内，活动只能在圈子内进行。

解决偏执的办法

通过对创业者内心世界的描绘和心路历程的梳理，知道了面对项目经常会产生的心理现象。解决办法是把模拟硬化为程序，在限制心理偏好和偏执心态的发生的同时，还限制人性的其他弱点——把内心中强烈的期待当成机会与现实去追求而产生投机的心理。防止在非理性的思维中进行混乱的运作导致糊涂收场。

一个普遍的事实是，几乎所有的创业行为都是急于动手干。把需要通过检验来确证的事情用有规模的投资来做。结果，失败像计算机程序一样被预先设定着。把模拟设置为不可缺省、不能逾越的程序，就是从承认事实出发，通过寻找根源制定以制度解决问题的办法。

确证关键要素

理解项目的方法是解剖。而模拟的一个重要作用是检验构成项目的要素并发现关键要素，通过检验以深刻理解并证明其可行与否。

检验的目的

对项目构成要素进行检验，要在生产能力即系统功能形成之前进行，是对项目构成要素的分别检验。首要目的是知道这个被看做项目构成中的关键要素是否真实，是否具有真正的市场价值，进而判断这个项目该不该做。如果认为可行，也就大体知道了如何做，用什么样的方式、多大的规模去做。如果认为不可行，当然就要放弃以避免损失。

第二个目的是调节创业者的迷恋心理。迷恋心理，有时表现为对一个项目一见钟情，一经发现便拍案叫绝，相见恨晚。有时表现为被巨大的利润驱使，而潜移默化地滋生迷恋情结，这是连自己都觉察不到的潜意识。它一旦产生，会对一切有利于项目成功的因素不由自主地放大，对不利于项目的信息无意识地加以排斥。

第三个目的是防止在困难中的慌乱。慌乱表现在运作项目中，由于对相关问题不甚了解，对先期投入未能产生效应痛心疾首，一旦没能达到既定目标便紧张慌乱，急急忙忙开始一个又一个举措，往往陷入剪不断（不忍放弃）、理还乱（越弄越糟）的境地。

检验的对象

尽管项目是具体的，但项目中还是存在着共同的东西。对于产品制造的项目，通常有两点是重要的。重点之一是技术。技术就应该包括这样一些需要检验的点：先进程度、核心所在、相关技术、相关工艺、所需设备、特殊工具、环保要求、具体标准、包装储运等。还有技术引进的方式也不可忽略。当然，并不是每项技术都存在上述问题，但着眼点是一旦涉及技术，则务必搞懂弄透，否则后患无穷。

重点之二是市场。对市场要先走测试之路，甚至在许多时候，对市场的测试要先于技术。市场测试的目的是简单的，就是你要把这个东西卖给谁。当然还要测试价格定位、包装与卖点、市场容量、入市渠道、销售基础、销售方式、销售管理等。这两个问题只要有

第八章

不可逾越的模拟

一个不能通过检验得到透彻的理解和充分的把握，任何投入都是死路一条。

而对于服务类的项目而言，标准与模式、内容与对象可以作为检验的对象。事实说明，一个服务项目的成败，主要在于你能够提供什么样的标准，运用何种模式来运行。标准关系到你能否渗透到特定的服务对象，运行模式则关系到你的运行成本和管理水平。

检验的标准

以把投资物流作为项目为例。首先要建立一套服务标准，它应该包括：安全、及时、无差、无损、无扯皮。为了建立这个标准，当然要详尽地考察运输的各个环节，掌握第一手资料。不限于铁路运输一种，还要考察公路运输、航空运输和水路运输。接着是对服务对象的定位，要大体掌握目标城市的货物品种、流量和流向，确定以哪一类货物为主，然后确定服务对象。

标准与对象确定后，更重要的是摸索运行的模式。这个模式可以这样设计：两头直接——从委托人处接货直接交到收货人手中；签收结算——以接收人签署的单据作为向委托人收款的凭证；网络查询——满足委托人对自己货物流向和进程的查询，包括到货时间、签收情况的关切；全程掌握——在货物流向的主要目的地，驻专人接货、送货和签收。这样可以彻底解决货物转手中可能发生的扯皮，给自己一个主动，给客户一个踏实。

根据标准运营模式服务对象企业，至少要选择几项业务走完全部流程。服务标准适用与否？对象定位正确与否？设计的模式可行与否？这些问题不试谁都不知道，试了就知道。

第三节　模拟的方法

知道了模拟作为创业过程的一个阶段的必然性，知道了模拟对创业成功的特殊作用，使用哪些办法来模拟？这一节从功能的测试、要素的综合、逆向运作三个方面提出 10 余种方法，可以根据项目的特殊性有选择地使用。

功能测试的方法

项目就是产品，产品的核心是功能，功能是产品满足某种需要的有用性或使用价值。唯有它才是可以用作交换的价值。它承上启下占据核心地位。对上联系着以技术为中心的整个制造过程，对下则联系着给消费者带来的效用。对功能的测试是首要与重要的测试。有这样一些方面的测试可以借鉴。

重点

功能是技术价值的集中体现，要关心技术的先进与否、成熟与否和内涵的真实性，但不能把技术定位在能不能在产品上实现，更要重视技术创造的功能本身的效用。技术转化为产品是重要一步，最重要的是体现技术的产品功能是不是对消费者有可靠的效用。只有抓住功能这个核心，才能抓住技术的真实价值。

功能要靠市场来证明。产品所承载的功能是能够满足人们某种特定需要的效用。这就要求把目光紧紧地盯住功能，紧紧地贴近最直接的消费者，这才是抓住了项目的命脉，抓住了检验的纲领。其他方法都只有在这个基础上才有意义。

滞后

一些有商业价值的东西往往被拔苗助长、加速发育，等不到成熟就急于奉献。此种做法在创业领域是一种通病，即所谓抢占先机。经验却告诉我们，抢先上市的产品多数获得"先烈"的荣誉。而最终能站稳脚跟，笑到最后的竟然都是后来者。这是什么原因呢？

新技术转化为产品是不容易的，有设计、材料、设备、工艺、造型与功能结合、美观与实用结合等许多问题。只有造出产品来，才具备了检验的现实条件，才能够对它的优势一目了然，才更容易发现缺陷，才能清晰地看到完善的目标。而这些，有准备的后来者会干得更出色，因为有借鉴、有参照。做先行者还是当后来者？

一个新产品功能的发育和人们消费习惯的更新，是多个企业共同努力的结果。新产品的成熟是多个企业在竞争状态下完成的。不同企业在产品发育的不同阶段起着不同的作用。有的做了铺路石，为后来者完成了必要的探索与试验之后，便悄悄败下阵来默默无闻。

模拟的观念产生模拟的办法。把功能的完善和市场模式的成熟看作一个过程，在大规模推出之前，有意识地在局部进行试验：小规模、小范围地真正地做市场。依靠实践检验和完善产品功能，检验和完善市场模式。到了无可挑剔的时候再大张旗鼓，既抢占先机，又不做先烈。

对比

好项目要有某种优势，先要知道真实的优势，办法是与同类产品进行比较。找到功能相近的产品或相同类型的服务做比较对象，这样对项目的优势有多大、在哪里存在问题也就心中有数了。要么是成本比相同功能的产品更低；要么是质量比同类产品更强或耐用；要么是具有同类产品不具备的功能；要么是方便、轻巧、便于操作等。

对比的具体办法，一是要主动出击。到同类产品的用户中去，到同类产品的经销商中去，主动对比、演示、讲解。二是要顺藤摸瓜。"藤"是同类产品的销售终端。"瓜"是终端网络上的经销商。要么让直接用户去影响经销商，要么让经销商去影响客户，在他们的相互影响中确证优势。

试用

消费者直接使用是检验产品功能的有效办法。方法之一是给予。确定你的东西是给谁用的，把产品给他们试用。不要舍不得，应该把试用者看做合作伙伴，试用产品是对你的支持。至于白送的东西，也理应看做是开发成本。试用者不提意见的情况是极少的。他们的感受是你坐在屋子里想不到的，也是钟情于你的产品的研究者想不到的。方法之二是试销。试销通常会有这样的问题：第一炮没打响再放第二炮就更困难了，已经给用户一个先入为主的印象，等你改进了再去找人家解释，人家是不愿意听的。这就是试销的尴尬。

化解试销风险，一是把试销与正式上市在区域上划分开来，试的地方不销，销的地方不试。二是在试销时不要打牌子，即便是注册了商标也不使用它。等经过了这个过程，真正做到心里有底了，再用商标也不迟。

试用和试销的目的都是检验产品功能，试用的作用主要是检验产品本身的功能，而试销不仅是检验产品功能，还能够获得对通路的理解以及与经销商打交道的经验。经销商不是市场，但市场必须是经销商。

样板

样板是指制造一个使用你的产品的范例，是试用与试销的结合。这种试验通常用于那些接近成熟、产品性能需要较长时间考验才能暴露问题的产品。尤其是对于那些离开使用就难以成熟的产品更为重要，比如涂料类、农机类、管道清洗类等。

制造样板的办法是与一家产品的使用者建立合作关系。合作的方式是多种多样的。合作的对象是选择在一个区域或一个行业有影响的企业。除了试验的作用外，还有促销的作用。

要素综合的方法

综合，是以产品功能实现为目的，以最小规模完成对项目构成要素的整合。

前提是可行

可行是指那些项目构成中的关键要素，经过测试后证明可行。可行是进行要素综合的前提条件，即对每一个经过检验的对象要素，要达到行得通才可以进行综合。技术上可行，即应该拿出合乎标准的产品。经济上可行，即要从市场销售价格倒推到综合成本有利润空间。功能上可行，即要以最终用户的接受来论定。模式上可行，即构成模式的环节能和谐运转。

重点是平衡

平衡是一个项目所包含的要素之间的协调。一是全部资源的平衡。资源的平衡是一种量的关系，精确是必要的。任何要素资源的短缺，从大的方面看影响系统的联动，从小的方面看则是其他资源的浪费。反之，任何一个部分的偏大则是对这种资源本身的浪费。任何浪费，哪怕是一丁点儿的浪费，都是好企业所不能允许的。

二是横纵之间的平衡。横向的平衡是市场开拓能力与产品（服务）制造能力的平衡，有生产能力与设备的平衡、产品数量与生产条件的平衡、生产周期与各类储备的平衡等。纵向的平衡是管理能力与生产经营规模的平衡、资金准备与开发计划的平衡。

三是平衡的前提是市场。这个市场不是指你设计的市场容量，更不是潜力和前景。这个市场是目前一个时期，比如半年或一年中你事实上能够占有的市场份额或拥有的客户数量，即一年内你能够卖出去多少产品，这是平衡的前提。

策略是"小"

创业基本矛盾告诉我们，创业所需要的 F 与 F 的产生是不同步的。解决的办法是让创业所需要的 F 产生在从小做起的实践中。从小做起的实践，一方面减轻目标实现对 F 需求的压力，同时为 F 的较快生产创造条件，以解决基本矛盾。

"小"是新企业的常态。创业是事物的初始，初始的东西总是小的。这不仅是因为小的事物中蕴涵着生存、发展、强大的基质和成长的无限空间，重要的是，正是由于小，才易于筹谋、易于看透、易于把握，才能在探索的实践中成竹在胸。如果起点规模大，会把创业者应该在实践中逐渐增长的能力过早地推到极限而发生混乱与失控，强化了基本矛盾。

从小做起对于"能力增长适应创业实践对能力的需要"是极端必要的。一是对项目内涵的理解是在项目由小到大的成长过程中不断加深的。二是开拓市场的能力是在小规模进而少量产品的销售中锻炼出来的。三是管理的能力是在企业发展的过程之中逐渐形成的。

若企业在创业中一开始就追求高起点，能够运转起来的很少。只有那些从小做起，在生存的压力下备尝艰辛，在残酷的竞争中摸爬滚打，在经受挫折中逐渐成熟的企业，才得以生存并慢慢地发展起来。

小到什么程度呢？小到只有支撑系统的骨架、健全的五脏六腑。只要可以发挥系统功能，能小则小。为了小的目的，可以不必顾及简单平衡。比方说，阶段的市场开拓能力是每月销售 100 吨，生产能力的设计可以是 50 吨，为达到 100 吨则可以加班。再扩大，无非是系统所需资源的放大，在买方市场的条件下都是容易的。

逆向运作的方法

所谓"逆向运作"，是向相对于通常的项目运作流程而言的相反方向运作。

运作程序的创新

通常的项目运作是先生产产品然后销售。逆向运作是把这个先后的顺序颠倒过来：先销售后生产。先把市场问题解决了再进行有规模的资本投入，开始产品的生产。

这样做的问题是：没有产品，销售什么？解决这一问题的办法有很多，比如不搞产品投入先做产品代理，有了市场后再开始小规模的试验性生产，产品达标后再进行有规模的生产。

一个逆向投资的尝试

这个项目是生产用于添加在混凝土中的防水剂，拟打进即将开工的地铁工程。准备工作进行了半年：注册了中外合作企业，引进了韩国的技术，确定了生产场所，建设了办公设施，完成了人事安排，选择了原料渠道。一切都在计划中紧锣密鼓地进行着。

潜藏着巨大的风险

一个看上去不错的项目，有地铁工程这个产品出路，有韩国的领先技术。但是，它潜藏着巨大的风险。

产品和投标的矛盾。没有产品用什么投标？如果投标未中，整个生产投入岂不落空？投资夭折的风险被投标成功的心理预期和对技术领先的信心掩盖着。

而投标并没有突出优势。技术水平所体现的产品质量优势，生产经营水平所体现的价格优势，企业规模和历史所体现的企业形象优势都没有。

第八章

不可逾越的模拟

高标准防水剂工艺技术并不简单，对设备条件和操作水平要求严格。要消化和掌握技术，完全依赖韩国技术人员就失去了对企业命脉的主动权。

一个颠覆性的计划

从合作伙伴——韩国企业进口一批产品用于销售。这样，可以在不影响投标的情况下规避投标未中的风险，可以在市场上验证该产品的技术领先程度，在销售中发现目标客户，探索入市通道，寻找销售模式。办法是，只要与未来的产品在名称和包装上一致就行。

渗透建材市场。产品在质量、品牌、系列化上没有优势。但是，在长三角，拥有由地域条件决定的成本价格和人际关系的优势。所以开创新局面的办法是，一个个地蚕食22个搅拌站，巩固阵地后辐射周边。组织几个精干的行动小组，专门寻找在建的、待建的、维修的大大小小的水利工程及一切与水有关的工程项目。

试验性生产的前提是开拓出一块市场。重点在于消化技术以及掌握控制指标、工艺流程和检测手段。用试验性生产的产品逐渐替代进口产品。只有市场能够稳定、质量能够保证，才可以停止进口，扩大生产。

这个方案设计是防范风险的程序设计即逆向投资程序的创新。

先做市场的理由

不断丰富的市场营销理论的主张是通过市场调查发现需求，根据需求确定创业目标，然后进行有规模的资本投入。多数创业者都经历了这样的过程。事实证明，通过调查之类的方法决定项目投资并不可行，原因是市场预测所依赖的工具和方法不可靠。既然市场重要，为什么不能先把市场的通路问题解决了，落实了，然后再去做产品呢？

这是具有可能性的。首先是市场需求的是产品和服务，至于这个产品与服务是由谁家提供的，消费者并不关心，重要的是产品的功能和质量。那么，完全可以用非自己制造的办法来应对需求，等到这种需求被证实了，再把属于自己的能够满足需求的产品生产出来。

其次是市场需求也取决于创造需求的能力。需求是否真实不仅取决于消费者，还取决于创造者的推动和传播的能力。这个工作就是营销。用什么方法去销售，只能在做市场的过程中学到。由此决定了产品与服务的创造者应该在制造产品之前具备影响需求的能力。

最后是做市场的能力与制造产品的能力是两种能力，做市场的能力并不受制造产品的能力的制约。没有自己的产品并不妨碍做市场，更不妨碍学习做市场。

既然消费者并不关心产品的制造者而是产品的功能，既然市场需求与传播能力有关，既然做市场的能力独立于产品制造，那么，先销售后生产就是可行的。

先做市场的方法

先做市场的方法，一是虚拟销售，即找到一个与你的目标产品的功能贴近的商品来销售；二是委托生产，即把目标产品让别人做出来之后自己销售。

第八章

不可逾越的模拟

虚拟销售打开了一个思路，敞开了一片思想的天空任凭想象力的翅膀去飞翔。比方说，你掌握了某种药品的关键技术。首先你进入药品的销售领域，找到与你的药品药效相近的药品做代理，弄通药品销售的通道，体察药品销售的秘籍，掌握药品销售的规律，建立自己的人际关系网络。在这个过程之中或之后把自己的产品渗透进去。

有许多创业者无意识地走过了先市场后工厂的道路。种种原因使得他们先进入了流通领域，种种原因又使他们进入了生产领域，大凡这样做的往往成功率较高。在这方面，跨国公司的做法具有自觉性。它们通常是先销售它们的产品，建立它们的网络和终端；读懂中国市场之后再直接投资制造产品，而且规模由小到大逐级递进。

委托生产有三种方式。一是租赁。用别人现成的生产条件把自己的产品生产出来，借别人的"巢"来孵自己的"蛋"。有了"蛋"就可以面对消费者检验你的产品行不行，市场容量有多大，目标群体在哪里。当这些问题都被解决之后，再建设自己的生产能力。

二是委托加工。它与租赁的共同之处是利用他人的生产条件。不同的是，租赁是使用别人的厂房、设备、工具自己干，而委托加工是把产品的生产交给别人，自己只提供标准进行检验，不参与产品制造相关的管理。

三是合作。合作是与现有的社会资源联合。资源的范围是广泛的，从名牌企业到田野上的劳动者。前提是自己作为一个主体具备某些优势，便可以寻求与自己相关的资源，用适合的方式契约结盟，实现彼此的优势互补。

213

谁矫正谁？

私企老板 M 来到北京，买下了"英姿带"的专利权，接着注册了一家新公司。然后是建厂房，招工人，试生产，整整忙了一年，产品问世了。但一上市便傻眼了——人有男有女、有高有矮、有胖有瘦，但"英姿带"只有大、中、小三个号，合上的少，合不上的多。第一批生产的 2 万条"英姿带"基本报废了。改进后，M 靠业务员在全国跑，自己参加国际博览会来打市场，花掉了 20 多万元，结果一年销出 1 000 多条"英姿带"。这样，100 万元扔掉了，没什么声响。

年轻人 D 与 M 签下了总经销合同，成了北方一个大城市的总经销。他干了近一年，对这个产品了解得比较透彻了。他看到了市场潜力，同时也发现了许多问题。例如，他发现腰带上的卡扣是用硬塑料做的，消费者买下"英姿带"后，用一段时间卡扣就断了。消费者要更换他却没有，结果引来了投诉。D 在他总经销的城市打起了广告，销售火爆的同时发现一模一样的"英姿带"在全市其他商场也有，价格只是他的 1/3，迫使他不得不去买断别人的产品。所有这些促使他产生了取而代之的想法。

D 找到了新的技术方案，进行了改进，申请了专利。他知道自己既无资金优势，也无管理优势，因此他自己不建工厂，而是委托其他工厂加工。他的生产部就是下订单和验收产品。可以支配的资金和精力全部用来打市场。结果两年多实现销售 100 多万条"英姿带"的业绩。接着由北向南，他的"英姿带"一个城市接着一个城市地火起来了。

延伸思考

1.模拟的含义是什么?

2.创业者运作项目之始面临的三大矛盾是什么?

3.论述模拟作为创业的一个不可逾越的阶段的客观性。

4.简单叙述模拟有哪些作用。

5.你怎样理解创业者的非理性思维?

6.用你的切身体会说明模拟的方法中的一种。

7.举例说明"先做市场"的模拟方法。

Entrepreneurship

第九章

与运转相关的理论问题

第九章

与运转相关的理论问题

运转是创造企业的第三个阶段，其实现标志是用销售收入补偿全部耗费，企业的生存条件与动力来源不再是外部资金的投入而是自身的造血功能。它是创造企业的第一目标，是一切问题的解决条件。

第八章论述了模拟作为创业总过程的第二个阶段的必然性、作用和方法。模拟是以产品为核心实现对要素的联合把握。运转是以销售为核心创造企业成活的条件。模拟是企业的孕育并为生存准备条件。运转是企业的诞生并为发展奠定基础。

运转涉及运转的实现条件，而实现条件又不可回避成本问题、固定成本补偿问题、盈亏平衡问题。创业进入运转阶段，管理问题逐渐产生。运转涉及管理问题，运转阶段管理的特殊性和作为管理主体的组织与人才问题凸显出来。这一章集中讨论上述理论问题，为下一章论述运转实现条件等实践问题奠定基础。

第一节　运转成本的存在

补偿是运转实现的条件。被补偿的成本有哪些？传统的成本划分与成本构成理论不能正确反映现代创业中的成本存在与成本构成。有一种与企业存在本身直接相关的、不同于已有的成本概念的成本。

有这样一种成本

经济学和管理学都把生产成本划分为固定成本和可变成本，给予这两种成本以大体相同的定义：固定成本是以厂房、机器设备形式存在的，不随产量变动而变动的成本；可变成本是以原材料和劳动力形式存在的，随产量变动而变动的成本。

有这样一种成本，它不能归入两种成本中的任何一种，又比较接近其中的任何一种。企业生成的过程与发展的实践都证明它是一个独立的存在，是一种与现有的成本划分难以对应的特殊成本，是与企业的存活紧密相关，与企业的技术装备、科技水平、起点规模同步增长且数量颇为可观的费用。

这种成本包括：办公方面的房租、水电、采暖、打字、复印、办公设施、名片、快递、簿记、资料制作等费用；人员方面的工资、社保、差旅、培训、补贴、午餐等费用；业务通信方面的电话、传真、网站、微信平台、网站建设与维护等费用；交通方面的飞机、车船和城市交通等费用；银行方面的各种管理费和手续费；财务税务方面的营业税和税务工具费；交往方面的对政府、客户的接待应酬的费用等。当今的企业不能回避与缺省这些费用，对应研究运转实现条件的补偿而言，它们属于哪种成本呢？

无从归属的成本

上述这些是什么成本？是固定成本吗？不论是从物质形态来看，

还是从价值转移形式、周转特点、补偿方式来看，这类成本都不能划归到固定成本中去。可它们却有着"固定"的性质，因为只要有企业存在，这些费用就"固定"地发生着。可见，它们不是固定成本的"固定成本"。是可变成本吗？它们不能变换形态转移到产品中，构成产品的价值实体，更不会随产量变动而变动——也不绝对，至少是不会成比例地变动。因此，它们不是可变成本。但是，它们的绝对数量与企业的规模、产品的数量、业务活动的范围又有着正相关的关系，在一定程度上具有可变成本的特点。可见，它们不是可变成本的"可变成本"。总之，它们不是传统成本概念中的任何一个。

定义运转成本

这种成本应该叫做"运转成本"。这个新概念的提出，一是的确有这个东西存在，实实在在地不同于原有的概念。二是为了研究运转就必须研究补偿，为了研究补偿就必须研究成本。而这类成本区别于固定成本和可变成本。三是这类成本与标志企业存在的运转具有最直接的关系，是对于运转而言的独立的成本。为了承认这个事实，为了研究补偿的需要，为了表述的简洁，把这类成本定义为"运转成本"。

运转成本是与企业存在直接相关的各种费用，是不属于固定成本和可变成本的一种真实的成本。

第二节　固定成本的补偿

固定成本作为一种资本投入应当收回，但只能是在实现运转之后，把企业盈利或多年积累的一部分看成是对固定资产投入的回收。固定成本的补偿来自固定成本的价值转移，这里有必要简略回顾一下价值转移理论的来源。

固定成本补偿的理论来源

追究价值起源的需要

经典作家为了追究价值起源，说明不是全部资本都能产生价值，只是体现为工资、推动劳动力的那部分资本——可变资本创造价值。而资本的另一部分——不变资本在生产中仅仅是价值的转移，不发生量的变化。从转移中产生了不变资本的价值补偿问题。这显然是为了寻求价值来源的需要，把生产资本分成了不变资本和可变资本。由于不变资本中包含着固定成本，由此产生了固定成本的价值转移到产品中去的问题。

固定成本的价值转移

机器的价值怎么就转移到产品中去了呢？用"耗费"或"使用"能够解释价值在不同物体之间的转移吗？可变资本的价值

转移可以理解，是形态发生了变化：木材的价值变成了桌子的价值，真真切切。说机器的价值也转移到桌子中去了，这只能是存在于人的思维之中的想象，没有任何方式能够证明。事实正好相反，机器之类的不变资本以其功能体现的价值越是使用越是存在和保留。使用通常不仅不是价值的消耗，相反是价值得以保存的必要方法。一旦不再使用，离报废就不远了。报废的不变资本的价值随着有用性的消失而消失，价值不复存在，也没有转移到哪里去。

转移产生价值补偿

补偿正是源于价值转移这个思维中的想象。由于认定机器的价值能够转移到产品中去，产品中就理所当然地包含机器的价值，机器的价值就顺理成章地要体现在产品价格之中，就应当在产品的销售过程中收回来，把它从销售收入中提出来放到一边积攒着，等待若干年后去更新机器。然而，在思维范畴之内合理严整的思想在实践中往往不是那么一回事，固定成本的补偿就是典型范例。

补偿在技术上是办不到的

一件产品中到底有没有机器的价值（用机器代表各种固定成本）权且不论，我们权且认为有，那么有多少呢？一件产品的价格中有多少是机器的转移价值？这是根本没有任何办法计算的。

计算的条件是根本不存在的假设

这种假设是：一个企业只有一台机器（厂房及其他设备、设施、工具等都没有），只生产一种产品，以一种价格（超过直接成本的价格）销售。十年以后该机器报废了，用十年的销售收入除以机器的原值，便知道了每件产品所包含的机器的转移的价值。然而，现实的经济生活中哪有这种事呢？即便是这样，也是"死后验尸"——十年之后算总账的结果，在机器报废以前的时间内，仍然不可能知道单件产品中有多少机器的转移价值。

计算补偿的三个数字都是未知数

按照所谓价值补偿的思路，要想知道一个单件产品中包含多少固定成本转移价值，有三个数字是计算的前提。第一个数字是机器能使用多长时间。它决定着机器在每个月的价值。机器的原值是清楚的，而它的价值是每天都在变化的。有形和无形磨损要扣除，在以往的时间里已经转移到产品中的价值也要扣除，应该扣除多少、还剩余多少，没有办法计算。

第二个数字是产品数量。在机器报废之前能生产多少产品？这是技术问题吗？能生产多少产品不是由机器决定的，而是由市场等多种因素共同决定的，这在机器报废之前是不可能知道的。

第三个数字是产品价格。产品将会以什么样的价格卖出去，价格中有没有超过直接成本的加价，这是能否对机器价值进行补偿的物质条件。这个条件的存在与否，同样由多种因素决定，对任何企业都是未知数。

三个数字中只要有一个未知，补偿就成为不可能，何况三个都是未知数。所以，单件产品包含多少由固定成本转移过去的价值是根本不可能计算的。

计提折旧是数字游戏

固定成本的价值转移之说引出固定成本的价值补偿，补偿在企业是通过固定资产的计提折旧来完成的。计提折旧是这样做的：会计依据原始凭证上记载的资产金额，再根据固定资产分类中规定的使用年限，确定它的年折旧金额再除以 12 个月，每月把它从产品销售额中提出来记到基金名目上。于是，计提折旧的数字游戏就这样进行着。

毫不掺假的数字游戏

折旧与经营活动、固定资产的存量、固定资产的消耗毫无关系。在账面上的折旧进行的时候，这台机器是不是在使用着，这台机器生产了多少产品，生产的产品销没销出去，在销售中有没有超过可变成本的、包含固定成本折旧在内的价格，货款有没有回到账上，甚至这台机器还在不在，都与折旧这个游戏无关。

折旧基金的账上有没有钱？是等待用做固定资产更新，还是派到了别的什么用场？这也与折旧无关，都不妨碍折旧的进行——把超过 100 元以上的所谓固定资产的原值除以使用年限再除以 12（月），得出的数字记到另一个明细账上。这不是做游戏又是什么呢？

游戏证明了理论的虚无

不管理论被写成了多少本书，最终落实到企业实践中，就是折旧。而折旧这个数字游戏不仅与资产运动无关，而且与由它体现的理论内涵——价值转移与补偿也无关。这种毫无关联的事实反过来证明了所谓价值转移与补偿之说的虚无。它是在企业活动中无法感受的一件"皇帝的新衣"。

第三节　盈亏平衡点的误导

在经济学和管理学中，都用一节的篇幅专门讲述"盈亏平衡点"（有的叫"收支平衡点"），主要内容是一个直角坐标图和一个公式。

主题与内容的背离

看上去有用

凡是对经济学、管理学有所涉猎的人都知道这个著名公式。公式所要说明的问题看上去是有用的。在一个直角坐标系上有两条向右上方伸出的直线，一条表示总成本——以固定成本为基点伸出的。另一条表示销售额——由单价乘以产量获得。它们相交的那个点就叫做"盈亏平衡点"。在这个点上的产品数量或销售额是企业收支平衡时的产品数量或销售额。运用这个图表和与之相应的公式能够告诉企业的经营者：要实现多少销售收入或某一价格的产品有多少产量才会使你的企业不亏也不赚，能够运转下去。如果真是这样，这个图表和公式当然是很有用处的。

经不住推敲

学习经济学的人受西方主流经济学的影响，喜欢使用图表、公式和模型。一张图表有 3~5 条线，每条线用 2~3 个字母表示其特殊意义。要读懂图表先要读懂那些字母组合，过程像是学外语，当你记住了"生词"，然后读懂了内容，却发现如果用文字表达，很多情况下不超过 100 个字就可以说清楚。而在盈亏平衡点图表上隐藏的却是内容与标题的背离——图表中的内容与图表所要表达的思想完全是两回事。

平衡点的真实内容

平衡点表示的是固定成本补偿

平衡点中的销售额表明的是全部固定成本的收回。表中的那个点，本意是要表示收支平衡，而它的内涵是把固定成本投入全部收回。平衡点上的成本是从固定成本横线之上射出来的线条，是包含了全部固定成本投入的总成本。这个总成本分摊到每个单件产品的价格当中，随着产销量的增加，累积到一定的数量——能够全部补偿固定成本的产品数量，即所谓平衡点的数量。这个数量是什么？是能够使在生产之初投入的全部固定成本收回的数量。这个数量说明什么？说明的是全部固定成本投入一次性收回。因此，所谓"平衡点"不是平衡点，而是收回全部固定成本投入的那个"量"的点。

平衡点是固定成本的收回

在达到所谓平衡点之前固定成本已经收回。在达到这个点之前是产品数量和销售额不断增加的过程。比方说，平衡点上的销售量是 5 000 件。在达到 5 000 件之前，分别经历了 1 000 件、2 000 件、3 000 件、4 000 件的过程。在达到平衡点之前的 5 000 件产品的价格中，每一件都包含了固定成本，每一件的销售收入都包含了对固定成本的补偿。这说明在达到所谓的平衡点之前就已经完成了对固定成本投入的收回。

平衡点是补偿后的利润点

在达到所谓平衡点的时候已经赚取了利润。在达到平衡点之前累进的销售收入中，已经收回了全部固定成本投入。这说明在所谓盈亏平衡点之前，不仅已经实现了固定成本的补偿，而且获得了利润。这样，盈亏平衡点早已没有任何平衡的意义了。如果销售状况真如盈亏平衡点图表表示的那样，事实上已经获得了超过固定成本的"利润点"。

对创业的直接误导

经济学和管理学与现实的企业经营活动是两个相互独立的领域，正如经济学家们在碰到具体问题时往往强调经济学家和企业家是不同的"专业分工"，承认理论在面对具体问题时"可能很贫乏"。既然如此，为什么与那个盈亏平衡点图表较真呢？因为这个图表会把创业者引向固定成本补偿的陷阱。

平衡点把创业者引向固定成本补偿的陷阱

问题是这个平衡点出现在各类经济管理的书中，其中隐含着对运转有害的思想。这些思想会误导创业者，把他们引向固定成本补偿的陷阱。平衡点告诉人们：为实现盈利则先要盈亏平衡，而平衡的核心问题是对固定成本的补偿。而这个补偿又是在资本投入的一开始就开始了。如果真的这样做了，将会使运转成为不可能，一旦离开运转，就意味着创业失败。

为什么不能急于补偿固定成本呢？几乎所有的创业实践都能说明，在创业的开始阶段，即对于一个新企业、新产品，能够首先补偿可变成本，即直接的生产经营成本已经是不容易的事。任何一种新产品或新企业，在启动后的一个时期内，高成本——与同行业、同类产品相比较而言的较高成本是绝对不可避免的。在这个时候，你却要把固定成本强行分派到单位产品的价格中去，这不是"找死"吗？做企业是来日方长的事情，既然如此这般地急于收回投资，那么干脆不投资，岂不是"就地"收回投资了吗？

个别成本决定市场价格的观点

平衡点中所表达的内容引导创业者产生了另一个错误的认识，即产品价格可以由个别成本决定，定价可以靠自己算账来决定。这个观点不论在道理上还是在市场经济的现实中都是不对的。市场没有人理睬你的个别成本，更没有人关注企业所谓的固定成本补偿。

应该怎么办？只能从运转实现的大局出发，抛弃所谓的固定成本补偿，不要盈亏平衡点中的平衡。

第四节　人才本质与制度

创业问题都可以归结为人的问题，有什么样的人就有什么样的创业效果和什么样的企业。这里要讨论的是，为了吸引人才并与之长期共事就必须理解人才。在理解的基础上才能摆正关系，用目标的同一性做共同命运的纽带，创造出以人才为本的管理制度和企业文化。

从"自我意志实体"来理解人才本质

人才是什么？通常的理解是有文化、本事、技能、专业知识与学历的人。这样的认识有些浅薄。

对人才理解的一个根本性偏差

对人才的重视产生出人才学。同其他学科一样，立论者把自己看作是主体存在，把人才当做研究对象。这样的思维习惯是把自己之外的世界看成是了解的对象，引导人们把认识对象自然而然地看成是"物"。把人才当做"对象物"来研究，当然地产生了对"物"的"使"和"用"的问题。对人才的"使"和"用"构成人才学的主要内容和学科目的。认识世界的对象意识支配了人们的思维方式，一步步地把人才变成了可以使用的物件和器具，这是对人才理解上的一个根本性错误。

错误的关键是从"对象"到"物"的转化

如果说谁把人才当成了物，会有许多人不认同这种说法。但不是研究者很明确地把人才当做物来研究，这是一个不为研究者所察觉的潜移默化的过程。首先是对象意识所引导的思维逻辑。从人来到这个世界，所面对的、看到的、认知的是物质的世界。大多数学科研究的对象也的确是物质的。这对人才研究者的影响是必然的。其次，虽然不能说人才就是物，而人才的确有物的一面，把人才当做物来对待至少是对了一半。最后，研究者把人才当做物的最有利的证明来自他们自己的学说——关于对人才如何"使"、怎样"用"的道理。这些道理的逻辑前提正是把人才当做物。如若不然，"使"和"用"该如何谈起呢？

错误的根本是讲人才忽视了对人的了解

人是什么？人为什么是人而不是其他的什么东西？康德、黑格尔、马克思认为，人的性质不是外界给予的，人之所以为人的特有的本性不能从人以外去寻找，只能从人的自身来寻找，人自身就是人的特有本质的根源。根源是什么？人的生命是自然环境的一个部分并从属于自然，但人在与自然的关系中与其他生命不同，人在自身的发展中，从对环境的适应发展为对环境的改造。这是理解人是自身根源的关键。它意味着人要支配自己的本能，从本能地适应环境变成运用生命的本能去改造环境，对本能的支配就使人变成了自己生命的主人，因为支配生命本能就是支配生命自身。那么，又是什么东西支配着生命本能呢？是意志，是意志把生命作为支配的对象，是意志成为生命活动的主宰，生命便成为了意志的工具和意志的载体。人是什么？是超越生命本能的意志实体。

人才正是"意志实体"的集中体现者。这突出地表现在把由时间构成的生命作为自己独立意志所支配的对象。自己做自己生命活动的主人，为自己认定的价值目标不懈追求，这才是理解人才的最根本点。

从"人之为人的属性"来认识人才特性

康德认为："人是有自我目的的，他是自主、自律、自决、自立的，是由他自己来引导内心，是出于自身的理智并按自身的意义来行动的。"从这一观点出发，可以把人才的潜质外化为四个特点——自主、自律、自强、自立。

自主是自己做主

把自己作为一个主体存在，按自己的意志行事，走自己的路，做自己愿意做的事；顽强地要求按照自己的意志支配时间，反感他人的指使，厌恶外界对自己的干扰。

自律是自我约束

服从自己选择的人生目标，有计划、有步骤地付诸实施，吃苦耐劳，不怕牺牲。在这一过程中求真、务实、抓根本，追求时间效率，反感形式主义。在对现存结论的怀疑中、在发现的神奇与探索的神圣中获得快乐与满足。

自强是使自己强大

自强是有着要把自己的事情做到最好、挑战新目标的强烈愿望。愿望的背后是与众不同的潜意识，是不满意现在的自我，要在转化人类智慧为自我力量中去追求更强的自我。

自立是人格的独立

崇尚靠自己的奋斗，靠真才实学独立于世，寻求发挥自己能力的广阔空间。不喜欢同情与恩惠，喜欢公平竞争，见贤思齐。讨厌平庸，讨厌官本位，讨厌论资排辈。

这样归纳人才特征肯定不够完整，"四自"之间也会有逻辑的交叉，但大体能够描述人才的共同特点，为下面的讨论奠定基础。

从"主体关系的对等"来确立关系基础

这里的关系是指创业者、投资者、资产所有者、事业开创者与各类人才的相互关系。

关系的天然性质

这种天然预设的关系很容易被主体人物不自觉地放大、强化和外化而形成君主意识。在对待人才上表现为雇佣观念，形成管理与被管理、支配与被支配、使用与被使用的关系。这与人才是"主体存在"和"意志实体"的本质属性相背离。必须从人才的特性出发，摒弃先天的主雇关系，确立平等的关系。

什么是正确的关系

正确的关系应该是这样的：老板与人才是两个意志主体对等的关系。这种关系表现为：由共同的事业目标决定的同志、同事、伙伴关系；由"义"和"情"决定的兄弟、战友、朋友关系。职务称谓是角色与分工的差异，不能视之为等级从属和地位高低。特别要防止在体制内通行的行政人员领导和指挥专家的这种扭曲关系的产生。

人才是"相对主体"

从人才所分工主管的事情出发，人才的地位就应该上升为相对主体，相对于名义的、先天的、初始关系的从属而上升为关系的主体。事情是人做的，事情的重要性是由人来体现的，对人才地位的提升是对事情本身的提升，是对事情重要性的确认。人才相对主体地位的确定决定了老板与人才的关系是服务，服务的内容是为人才的创造性的、开拓性的劳动提供保障和条件。

从"共同目标的融合"来寻求制度创新

韩非子在讲人才的时候用了一个非常贴切又耐人寻味的字——"尽"。他说："下君尽己之能，中君尽人之力，上君尽人之智。"

寻求企业与人才的共同目标

"尽"，是尽能、尽力、尽心、尽性、尽瘁，是能力主体的发挥。是什么决定了这种发挥？不是人才以外的任何力量，只能是源于人才的自主性——他的价值观念、主体意志、人生目标。这决定了要尽人才之能、之力，就要寻找企业目标与人才目标的共同点、结合部、交叉处。这样，企业目标便成为人才认同的、值得为之持久努力的个人目标。这样，企业价值观、企业文化，所有这些的集中体现者——老板的人格魅力、创造美好未来的决心、领导企业发展的前景等，便成为融合人才目标的条件。

创造人才独立发挥才能的条件

共同目标是尽人才之才的基础，在这个基础之上，最重要的是创造人才独立发挥才能的条件。这个条件要靠制度创新来解决，是制度设计的核心、制度安排的出发点和归属点。制度性地解决人才独立性，其道理是：第一，独立是自主的条件。自主是自由的实现，自由是一切创造性思维绝对重要的思想环境。没有独立、自主、自由，任何才能的发挥都是不可能的。这正是人才与体制冲突的根源，也是解释许多与人才有关现象的关键。第二，独立是真诚的给予。《中庸》中有"唯天下至诚，为能尽其性"之说，真诚通过独立表现了信任，信任通过情感的作用转化为压力，压力的另一面就是动力，动力是人才发力的支撑，是创造力产生的根源。第三，独立会引导出人的责任感。责任感决定了人才会像投资者那样思考问题，同资产所有者那样吃苦耐劳，乐在其中，甚至会为了明日的收获牺牲眼前的利益。独立性是尽人才之能的舞台，能找到把握自己命运的感觉，能够创造表现自己、证明自己的机会。

通过业务拆分创造独立的平台

人才独立性的发挥要有一个平台，而平台的创造可以通过业务的拆分实现。拆分的可能性来自业务本身所具有的相对独立性，可能是生产的、供应的、运输的、仓储的、技术的、设计的、区域的、终端的、不同通路的独立性，甚至生产中的主要设备、大型工具都可以单机独立。拆分的方式多种多样，只要以独立性为目的，从实际出发，可以从分公司拆分为独立责任体，再拆分为单一目标小组。在创造独立体的过程中，目标要明确而单一，与周边的关系要简单。

重要的是报酬形式。大可不必拘泥于工资、奖金之类，对重要的人才和人才独立体，工资是令人厌恶的。这种报酬形式对接受者意味着打工、挣钱、被雇用。即便工资多一些，也是有数的钱，也是拿人家的钱，这是人才不愿意接受的。可以采取这样的报酬形式——业务补贴＋无限空间。业务补贴是业务活动所需要的费用，事实上含生活费用在内。无限空间的形式是很多的：股份形式、分成形式。总之是能考核、看得见、简单明了、不封顶的。与报酬相联系的指标基数不宜偏高，至少是多数人经过努力可以完成的。让多数人做成功者，巩固并强化人才向上的心理和自尊。

第五节　创业管理的特点

运转意味着一个项目的初级规模已经形成，不再是逐个地解决比较单一的问题，而是面对一个系统。管理的问题便自然提上日程。这一节要说明：是运转使管理得以产生，是运转提出了管理的内容，是运转实现着管理的目标，是运转证明着管理的效率。创业者向管理者的过渡是在运转中完成的。

管理内容在运转中产生

运转创造了管理的前提

管理的问题首先是要管什么的问题。管什么？只能是"有"什么就管什么。"有"是管的前提。"有"只能在运转中产生。在创业的前期阶段，面对的是项目问题、资源问题、要素问题、必要的探索和试验问题等，都是比较单一的问题，人数可能三五个至十几个，许多事情可以事无巨细一竿子插到底，基本不涉及管理。而一旦进入运转，则是资源要素的综合，是各个部分的联系，是几个或多个环节串联起来运动的系统问题。这就产生了管理的需要，产生了管理幅度和层次问题。有了要管的东西才有了管理的问题。

管理方法是创造出来的

管理是艺术。科学知识是先人的积累，可以接受下来，继承下去，爬上巨人的肩膀探出头来。而艺术不然。前人的成果只能是个坐标，可以从中得到悟性的启示，也可以参照其运行的轨迹，但不能照抄照搬，更不能代替亲历亲为，只能从头做起。管理正是具有这样的特点，它是很经验性、实践性、心灵性的事情，不能套用什么现成的东西。一切靠从你的实际出发，从产品、技术、人数、规模、发展阶段、资金状况、人员素质的特点出发去创造。决不可从书本学来套用，守株待兔似地等待事情发生去对号入座。

管理重点是由系统决定的

管理对象是运转的系统。强调竞争力、技术、销售等管理重点是对的，再加上几条，比如强调人才就更是对的。面对系统，强调其中的哪条、哪项、哪点、哪个部分都是对的，因为它是系统。如同汽车，发动机是重点还是轮胎是重点？人体中免疫系统是重点还是循环系统是重点？用10米长的电线连接电源与灯泡，其中的9米是重点还是1米是重点？讲哪一个是重点都有道理。如果承认管理是面对系统，那么系统就是一个流程的链条，强调哪段、哪环重要都等于什么都没说。照这样说，管理就没有重点了吗？有，哪里有问题哪里就是重点，哪个环节薄弱哪里就是重点，哪个部分造成循环阻滞、影响系统均衡运动，哪里就是重点。

管理目标是由市场提供的

适应市场产生管理目标

管理学内容看上去涉及的是企业内部的决策、控制、组织、协调和指挥，是自己的人、财、物等事宜。即便是涉及外部世界，也是站在里面向外看。这是一个不容易察觉的思维局限。其原因是由突出管理任务和管理目标而产生的管理的对象意识。

管理目标应该来自哪里？只要你的企业运转起来，目标决定就不再源自企业内部而是外部。市场决定你的目标，因为你的产品和服务是市场的一个部分。市场是巨大的存在，你对市场的关系只能是适应；当然不排斥引导，引导是积极的适应。市场会不断地启发你、刺激你，直接向你提出问题和要求，逼迫你把产品做得更优秀、更廉价、更特别，管理的目标便由此产生。

目标的检验也在市场。市场不仅提出和检验目标，也能提出解决问题的办法。只要花时间、下功夫体察最直接的消费者，不断地深入理解市场目标的需求及其变化，把你的工作不断地与他们的心沟通，办法就有了。这也许是最有意义的信息对称，最可能获得创意与灵感的源泉。可见，管理目标的产生、检验和实现都主要来自企业外部而不是内部。

第九章
与运转相关的理论问题

管理工具是简单的制度

制度是系统中的各个相对独立部分的目标、边界与其他部分的关系。把这些东西明确下来，对常规的东西建立一个规则就是制度。有了这个东西，当事人知道自己要干什么——不必事事交代；知道遇到事情如何处理——不必事事请示；交界处责任关系清楚——避免推诿、拖延、相互不作为；对事故、偏差、错误进行预警——减少和杜绝错误重犯；对绩效评价找到依据。所以，制度是管理的工具。

工具必须简洁。把制度写了一大本子，挂了一面墙，谁能记得住？怎么可以设想做每件事之前去学一套制度。制度的简洁来自对目标彻底的了解。对事情了解不透彻，必定是左防右堵，上拉下扯，东拉西拽，生怕遗漏了什么。

简洁到什么程度？如果写到纸上，少则三五句话，最多半页足够了，再多就说明你还没把事情弄清楚，再多就不再是工具而是摆设。作为工具的制度是双刃剑，除了工具效用外，还有限制人的主动性、灵活性、创造力的作用。好的制度要把这个消极作用控制到最低。

这一章探讨了与运转直接相关的几个理论问题，为下一章集中讨论运转本身的问题，特别是补偿问题和运转实现条件问题理清了观念。

延伸思考

1.什么是"运转成本"？它与原有成本概念的区别是什么？

2.固定成本补偿与运转实现的关系是什么？

3.为什么不能追求固定成本补偿基础上的"平衡"？

4.如何理解人才在创业中的作用？

5.设计几个适应人才本质的利益机制。

6.为什么说管理目标是由市场提供的？

Entrepreneurship

第十章

运转的实现条件

这里所说的运转不是以盈利为目的的资本循环，而是创造新企业生存条件的项目运作过程。目的是活着，内容是补偿，一切服从运转。为通过补偿实现生存的目的，规模能小则小，投入能少则少，而活着所需要的条件却一个也不能少。

第九章论述了与运转直接相关的理论问题，为这一章详尽阐述运转的实现条件奠定了理论基础。这一章以运转为中心，首先论述运转作为创业过程的第三阶段的特殊意义，然后论述运转是解决新企业一切问题的前提，最后明确运转实现的条件都有哪些，创造这些条件的观念与方法是什么。同时指出在创业阶段管理的某些特点，使创业者在这一过程中完成向管理者的过渡。

第一节 魂与根的融合

运转是企业生命的存在形式。有了存活的时间，创业者才有认识问题的对象和解决问题的条件。一切问题都会在运转中发生，一切问题必须在运转中认识，一切问题只能在运转中解决。大到战略目标，小到业务流程，离开运转无从猜测有哪些问题存在，也不可能找到解决的方法。运转的目的是企业成活，实现这一目的的基础是根的存在和魂的生成——在选择项目和模拟的实践中逐渐生成。进入运转阶段则是魂与根的融合，在融合中实现目的并证明魂的铸就与根的成活。

特殊意义的运转

运转是以生存为目的、以补偿——销售收入补充全部耗费为条件的周而复始的运动，是认识与解决一切问题的前提。

目的是活着

从运转的目的来区别传统意义的运转。政治经济学和企业管理学中的运转或周转都是指从资金投入到资金收回、从原料购进到产品卖出的资金运动。目的是增值、赚钱、盈利。而作为创业的一个阶段的运转，其目的不是增值、赚钱、盈利，而是活着、活着、活着。借用一句套话：第一是活着，第二是活着，第三还是活着。

内容是补偿

利润是创业的终极目的，但却不是运转的绝对条件。运转的条件是产品或服务的收入与总费用大体相当即可。也就是说，销售收入能够补偿运转所需要的费用是运转的条件。它意味着以补偿为中心，可能微赚也可能微亏。还意味着固定资产的补偿可以适当地延缓。还意味着补偿要把握必要的限度，与运转没有直接关系的耗费不在补偿的范畴。

一切服从运转

运转的目的是活着，活着就要有活着的条件，系统平衡所需要的环节与物质要素一个都不能少。只要能运转，规模能小则小，资金占用能少则少。在资源要素平衡的标准下，东西能减则减，能砍则砍。就好像由若干块木板拼成的水桶，只要是高于水平面的那一块或几块木板就都统统砍掉，因为目的是活着，是让一个生命体动

244

起来，让血液循环起来，让这部机器转起来，让一个系统形成并发挥其功能。一切服从于这个中心，与这个中心无关的一切都是没有意义的。

资本的两种存在

创业基本问题中的魂是以创业者为载体的，体现为创业能力的一种资本形态。根是以资本的物质性为主体的，体现为项目要素中的一种优质基因。魂与根这两种资本形态对运转而言是基础与前提。

资本之魂

资本之魂是指存在于创业全过程的，超越软、硬两种资本，并渗透于两种资本之中的，独立于全部资本要素的，对创业成败起首要和决定作用的资本形态。它是全部资本要素的灵魂，起着促进资本要素的匹配与平衡，孕育要素生命，创造资本能量的作用。这种区别于迄今为止任何一种资本概念的资本，通俗地表示为创业者应具备的驾驭要素、整合资源并使其优化的创造能力。这种能力的有无与效力要在运转实践中提升与证明。

项目之根

项目之根是项目构成要素中的一个核心要素，它是项目生命的内在基质，是可以影响和吸引其他社会成员与之交换的战略资源，这种资源是创业发生的根据和新企业存活的权利。其外在表现是一个项目所独有的、由产品和服务的质量和功能来体现的优势，在市场竞争中可以成为企业的核心力量。项目之根的发现、寻找、培养和掌握是与项目的发生和选择同步的，是在模拟阶段得以确证的。运转阶段的根所表现的产品要与魂的力量一起，实现其市场价值并证明根的真实与效益。

魂与根的相互依存

灵魂资本的存在改变了人们看待资本的对象意识，把习惯向外看的眼睛转向了人自身，把自身的能力当做认识与提示的对象，把人自身当做资本的根源和资本存在的形式。

在论述资本之魂的时候，强调了产生这种资本的唯一途径是实践。离开对资源优势表现为核心竞争力的创造性实践过程，驾驭资本的资格无从产生。在论述资本之根时也着重指出，任何物质性的资本和软性资本，离开创业主体能力的渗透、冲和、创造的作用，物就是物，技术就是技术，而不成其为能够增值的资本要素。

可见，离开根魂无以产生，离开魂根无以成活，它们互为对方存在的条件，并互相创造对方，这种相互依存的关系存在于创业实践的全过程，统一与融合在运转之中。

统一在运转之中

魂与根在相互依存中产生与发展的时间和空间条件是运转。

根在确证后进入运转

根的发现、生成和培育开始于项目的发生与选择，确证于项目试验的模拟。模拟的功能是完成对资本之根的检验，实现对技术可行、市场目标和基本功能的确证，进而实现对风险的防范，并在这一过程中达到对项目要素综合与平衡的把握。模拟在完成了上述使命之后，就已经为资本运转创造了条件，创业的进程便顺序地进入了运转阶段。

魂在运转中得以完成

灵魂资本的产生可以追溯到创业者转化外在力量为自我能量的生命长河，追溯到支配自然生命本能的意志实体的形成过程，即 F 资本的基础资本：知识、智慧、品格等。这些基础因素可能在迈入创业门槛之前就已经存在了，甚至有的创业者在创业之前就已经完成了 F 资本的初级准备，完成了借山修炼的经验积累，经过了市场的洗礼。

基础资本和经验的积累对 F 的形成是重要的，但却远不是 F 的最后完成。因为 F 是对创业者的能力而言，好的素质要在具体创业项目上表现。具体到一个项目，要能够通透构成项目的资本元素，完成元素之间的界域创新，实现界域间的平衡运动。这就是运转。灵魂资本的完成是在运转之中实现的。

根与魂在运转中融合

根的成熟趋势要求运转，F 实现的条件也要求运转。它们在运转中相遇、融合、渗透。运转为它们的融合提供了交会的场所，使融合成为现实。更重要的是，运转使魂有了着落，使根得以成熟。魂与根在运转中得以增长、加强和变得完美。运转的全部意义在于实践。模拟是一种实践，运转更是具有持久性、实战性、考验性的实践，是面对多种要素及其相互关系，包括选择、取舍、排列、组合的实践，是把资源整合生成为新的统一体，打造资本优势的实践，是无时无处不得不面对具体问题，不得不发挥创造性思维的实践。总之，运转是 F 资本的核心，是创造力得以产生的实践，是项目的根得以发育成长的实践。

第二节　运转就是一切

运转不同于经济学基础理论和管理学中的资本循环，也区别于把盈利当做首要目的的运营。强调新企业必须尽快盈利，好比是对一只刚出壳的小鸡说："你必须马上下蛋，否则就要死掉。"对小鸡而言下蛋是不可能的，只有死掉。企业需要盈利，但它是以运转为前提的。运转与盈利在时间上是先后关系，在逻辑上是因果关系，在内在联系上是鸡与蛋的关系。

创业过程的重要阶段

运转是一个在时间上会很长、关系企业生死存亡的阶段。

承上启下的过渡阶段

在企业创造与企业发展的总过程中，运转是企业诞生与企业发展之间的一个过渡。运转的前面是模拟，是对模拟的自然承接，是完成了孕育的婴儿要生出来经风雨见世面，是验证过了的核心优势要投入实施，是积聚起来的能量要释放，是完成了演习的军队要投入实战。运转的实现标志着企业的诞生，诞生之后，即在运转实现的后面是企业以盈利为目的的持续发展。运转对它后面的发展而言则是一个准备，是为发展奠定基础的准备。

观念与程序统一的阶段

反映创业规律的观念存在于创业的全过程。运转则最大限度地体现着已经阐明并正在阐明的系列创业观念。定义运转的特殊含义并把它作为创业的一个重要阶段，体现了把求生存放在首要地位的"先胜后战"的观念；体现了立足长远、放眼未来、稳扎稳打、有序前进的观念；体现了企业是一个从发育到成长、到成熟的自然过程的观念；体现了包括创业者能力在内的所有问题都只能在实践中解决的观念；体现了企业的全部问题都会在时间的延续中得到认识并找到解决办法的时空观念；体现了先巩固后发展、先生存后盈利、先做强后做大的基础观念。几乎所有重要、有深度和有实用价值的创业观念都要在运转中体现。

目的与能力拉近的阶段

运转中所面临的问题可以概括为：新企业的生存与创业者能力差距的问题。创业的目的是什么？从根本上说是自我价值的实现，即超越生命本能的支配，做自己生命活动的主宰；开发自然潜能，转化外在能量为自我能量；创造性地发挥人的本性力量，并在这个过程中获得自然的经济回报。

面对这样的人生目的，落实到一个具体项目，每个人都有一个能力问题。缩短目的与能力的距离是人生价值的实现，是企业的成功。而拉近距离的时空条件是运转。目标在运转中接近，能力在运转中增长。好比炼钢，如果以往进行了能力的准备，那么现在正是钢铁炼成的时候。

创造企业的第一目标

如果把盈利作为第一目标

新企业一经建立，创业者就把收回投资与盈利当成最直接的目的、最强烈的愿望、最急切的行动。为此而集中一切能量，调动一切资源，使出浑身解数，不遗余力，全力以赴。正是在追求尽快盈利这个压倒一切的愿望充满全部身心的状态下，事实上集中了创业的一切非理性因素，有些甚至是荒唐的。

想一步做大、一夜暴富就会导致无视创业是渐进的自然过程：急功近利，重视短期行为，无视企业的基础性工作；把主观意志强加于客观事实，无视必要的试验活动；忽视细节，拔苗助长、孤注一掷、竭泽而渔，不肯沉下心来埋头苦干，等等。

如果把所有这些违背创业规律的行为都归结为对盈利的渴望，是简单化了。但不能排除正是由于盈利的愿望如此强烈，才产生了对人的理性思维的影响，导致了欲速则不达的结果。

什么是创业的第一目标

马克思认为劳动是人的第一需要。乍看上去似乎说不通，因为衣、食、住、行这些基本的生活资料应该是第一需要。但仔细琢磨一下便明白了，生活资料靠劳动才能获得，劳动是获得生活资料的前提条件。对人的生存而言，生活资料是间接的而劳动是直接的。

所以，人的第一需要不是表现为生活资料而是表现为对劳动的需要。

同理，投资需要回报，企业需要盈利，可它是以运转为基础、以运转为前提、以运转为条件的。运转与盈利在时间上是先与后的关系，在逻辑上是因与果的关系，运转，理所当然地是创业的第一目标。

运转是企业的永恒主题

运转是创业的第一目标，不仅表现在创业的初期，而且是企业的永恒主题。因为，运转是企业生命运动的存在形式，也就是说，企业的命只有在运转中才"有"；离开运转，企业就"没有"了——没命了、死掉了、不复存在了。任何生命都有其存在形式，运转就是企业生命的存在形式。

生命是时间，时间是一切事物存在的条件，有了它就有了一切，没有了它就失去了一切。有了存活时间，创业者才有认识的对象、发挥才干的用武之地、解决一切问题的可能。"时间会为解决一切问题提供契机"这句话，用在办企业上是再恰当不过的了。多少夭折的项目，多少"出师未捷身先死"的创业者，所缺、所差、所遗憾、所无奈的正是时间。运转决定了存在，存在获得了时间，时间给予了"一切之一切"的可能。

资本生命的存在形式

生命能量的不竭源泉

从创业与企业发展的总过程的角度来理解运转，它处于结果与前提相统一的地位：运转是一种结果，是资本要素的集合、优化与协调的结果。运转是一个前提，是企业前进、壮大与发展的前提。同时，如果把企业理解成一个有灵性的生命，运转就是它的本性。如果把企业理解为一个社会组织或社会动物，运转就是一个条件，是它与自然环境、生存环境进行能量代换的先决条件。总之，如果不是把创业错误地想象成是由资金代表的各类形态物质的简单集合，运转就是它生命的源泉和存在形式。

运转的意义在于存在，而存在又是获得存在力量的源泉。也就是说，企业凭什么生存？回答是：凭活着而存在。存在的本身就是存在的条件。生存的理由只能从生存本身中去寻找，生存的根据只存在于生存的自身之中。

存在与生存环境的相互影响

存在作为存在的条件，首先表现在对外部的影响力。这个影响力是存在本身在时光流逝中自然产生的影响。一个企业摆在那里，占一块地皮，有产品、服务、员工、网站、微信平台，要对外交往、做业务、送名片，要有各种交往关系，所有这一切都在分秒之中向着你的生存环境释放影响，这种影响会随着时间的推移而发散发酵，其直接的效应是知道这个存在的人会越来越多。

存在的另一个力量是外部对存在的影响。这种影响是潜移默化、多源头、多方式、无规则、随机的。这中间便存在着多种可能、多种选择、多种变数、多种前景、多种机遇。尤其是要求你能够敏锐反应、判断、应对、沟通，机会就在其中。所谓机会向有准备的人招手，就是向存在招手。

存在产生着内外之间互动的力量。存在产生着对外的影响力，这种力量会反作用于存在，这种相互作用的本身是一个能量的代换。存在处在这种能量代换的中心位置。它会在坚持修炼中增强自己，使自己成熟起来；在不断接受外部影响中增强适应环境的能力，获得抗御变化的免疫力。它会在坚守阵地时，观察不断变化的世界，等待机会调整自己，认清方向，使目标变得清晰起来。它会在不断的试错中修正自己，找到属于自己的商业模式，改进与完善自己的业务流程。

资本生命的本质属性

运转是理解创业、理解企业的具有根本意义的大道理，是许多道理中的硬道理，是超越其他许多道理的超级道理。它影响着创业的方方面面，从重大目标的决策，到处理经营问题，到解决问题的方法。

为什么把运转强调到如此这般重要的程度？说到底：运转是资本的本性与存在方式。就本性而言，资本之所以成其为资本，企业之所以成其为企业，存在的根据中最核心的东西，能够与其他的事物区分开来的最具特征的那个东西，就是运转。就存在方式而言，资本或企业生死的标志就是运转。没有不运转的企业还称其为企业的，也没有不运转的资本还称其为资本的。

一切问题的解决条件

一切问题都是运转的问题。一切问题都会在运转中发生，一切问题只能在运转中认识，一切问题只能在运转中解决。一个企业，大的方面，从项目确定到业务定位再到核心优势的确立，从产品的成熟到目标的清晰再到运作模式的形成，小的方面，从商标设计到产品包装再到岗位划分，直到细微处的灯光照明、工具摆放位置等等，离开持续的运转，就无从猜测、判断、预料会有哪些问题存在。离开持续的运转，不可能深刻地理解所发生的事情；离开持续的运转，不可能找到解决问题的方法。

解决系统协调问题

运转是对系统而言的，系统是按照目标对资本要素的有序联合，使原来处于相互独立状态的资本要素之间产生了关系，这个关系本身就是一种新的状态。在系统运动之前，要素处于静止状态；或者没有发生位置的移动，或者没有外界力量使其发生质的变化。可一旦动起来就是另一种状态，必然会发生原来所不曾有的现象、不曾预料的情况、不曾碰到过的问题。没有系统的运动，将无从想象系统的问题。

对于本质是运动的事物，只有在运动中才有可能认识它们。其道理与认识物质世界是一样的。比如，为了解物质运动的规律，就要弄清它们深层次的结构以及它们之间的相互作用和转化，这就需要一种基本的设备——高能物理加速器。又比如，为了认识气体绕物体的流动和物体的空气动力特性，需要制造能够产生气流的管道装置——风洞。同理，为了弄清企业生存与发展的规律，需要的条件是——运转。

解决企业信誉问题

信誉是品牌、形象和生存条件。信誉产生的根本因素是企业的长期存在，因为制约守信的力量来自交易双方对长期性的期待。在长期重复发生的交易中，不守信的情况很少发生。但是，长期的交易关系事实上又不是很多，这样，判断企业守信的一个重要标志是，你自己作为交易的一方是一个长期的存在。存在的时间本身就是信誉的证明，就有信誉的影响力，从而具有潜在的权威性。因为你的长期存在，向对方传递了一个无声的信息：不守信的企业是不可能长期存在的，与他人的交易不会是一锤子买卖。这就是人们愿意同长期存在的、有规模的企业打交道的理由。

解决业务定位问题

业务定位是在项目选择中已经确定的。但最终的业务定位往往与当初的定位不同。最终的业务定位恰恰是在运转中发现、在等待中遇到、在存在中完成的。例如，一个大学生毕业后在一个大工业区开了一家小印刷社，整天零打碎敲、守株待兔，在很低的利润中生存着。一天，有一家电厂要开职工代表大会，有一批东西要印，对质量和时间要求很严。他们苦干了几个日夜，按时保质地交了货。这件事启发了这个大学生，一个以企业、机关为主要服务对象，走出去上门揽活的经营思路产生了。从此印刷社按照这个模式很快发展起来了。

第三节　减轻运转负荷

可以把运转比喻成一驾行进着的马车——固定成本是马车的自

重，是车的负荷；销售收入是马，是车的动力；现金流是车辕和绳索，是动力传导装置。马车行进需要的是：车的重量轻一点，马的力量大一点，力的传导顺畅一点。

减少固定成本投入

减轻补偿的压力

在谈论固定成本对运转的直接影响的时候，有一个重要因素是"马力"，即拉车的那匹马的力量如果无限大，车的自重就显得不那么重要甚至可以忽略不计。问题是销售收入这个"车"的动力对任何企业都是严重问题，尤其是新企业、新产品、新服务的销售。我们能够做到的是尽可能地减少甚至避开固定成本的投入。减少固定成本的投入就是减轻"车"的重量，就是减轻补偿的压力。怎样减少固定成本的投入？

把运转当做投入的标准

把运转的观念引入固定资产的投入，在投入的数量、种类和时间上以能够实现运转为限度，在固定成本的投入上，不要追求与运转不相干的东西，不要追求百事俱全、万事齐整，更不要追求形式上的高起点与大规模。创业中的运转观念遵循的是市场经济的效益原则，是从实现运转的目的出发，把运转当做投入的标准：凡是运转所必需的投入都是合理的，凡是与运转没有直接关系的投入都是不合理的。

减少投入的做法

指导思想是尽可能减少固定成本的投入，急用的先购买，不急用的可以暂缓；能租用的尽量租用，不能租用的才考虑自己购买；专用的设备、设施、工具以自己拥有为宜，通用的可以考虑其他途径；可以少用的就不要多买，尤其只是偶然使用的设施更是这样。

更具有策略性的做法是规避固定成本的投入。把模拟中"逆向投资"的方法放大运用，采用委托生产、委托加工与合作的方式，避开自己的固定成本投入。

抛弃固定成本补偿

固定成本对运转的影响可以用马车去想象。如果车的自重重到了马拉不动的地步，车就不能动。同理，如果固定成本大到无法用销售收入补偿的程度，企业就不能运转。固定成本补偿源于固定成本的价值转移之说，对企业在实践上不具有可行性。减轻补偿的压力的最好办法是抛弃固定成本补偿。

对经营毫无意义

从企业运作的结果来看，补偿是在长期的销售收入中收回固定成本投资。收回的是超过可变资本的那部分，其实就是企业的盈利。一旦有了利润，从来也没有哪个企业去区分、也没有办法、没有必要区分利润中的哪一部分是固定成本的"转移价值"。

一旦有了利润，考虑的是扩大规模、完善基础设施或增加新项目。不可能像计划经济那样，用一部分资金原封不动地等待着，准备替换现有的固定资产。一旦企业亏损，用什么进行所谓的补偿？可见，不论企业盈利与否，固定成本补偿都完全没有意义。

对运转关系重大

补偿的作用是妨碍运转的实现。如果套用某种会计制度，从创业之始就怀着尽快收回投资的强烈愿望，在计算产品成本时把固定成本分摊到单件产品的价格中去，这时是否想到，收回固定成本的目的正在破坏收回的条件，使手段与目的南辕北辙？

固定成本的补偿来源于超过可变成本的加价，为了补偿固定成本，除了卖高价之外别无选择。我们还要知道这样一个现实：新产品的直接生产成本通常是偏高的，销售成本因为有探索通路、网络建设等费用也是高的。已经是偏高的成本，再加上所谓的固定成本的分摊，这不是雪上加霜吗？

高价格影响销售，进而影响资金回流，进而影响运转，进而影响企业生存。"鸡"都死了上哪里找"蛋"？所以，固定成本补偿所导致的结果是妨碍新企业生存的条件——运转。

把固定成本视为"沉没成本"

固定成本一旦投入，在观念上就应该视它为"沉没成本"。在实现运转之前不再把它当做成本来看待，不必在价格中体现，更不必从销售额中提取。这样，运转负荷就减轻了。只要销售收入能够补偿可变成本和运转成本，就是运转的实现了。就像一架飞机，只要票价收入等于燃料成本和机务人员的工资就应该飞行，而不必每次飞行都要补偿飞机的价值。

努力压缩运转成本

第九章提出了运转成本的概念。它是独立存在的、既不同于固定成本又不同于可变成本的、与运转直接相关的一种成本。

与运转直接相关

这种成本在现代企业中日益凸显，与企业现代化起点的高低、销售网络的大小、企业关系范围的宽窄、技术和知识含量的程度、经营模式的差异等，大体成比例地存在着。

这种成本的发生不可避免，其数量之大是相当可怕的。如果控制不当，它会像魔鬼一样轻易地把新企业扼杀于摇篮之中。控制这部分成本直接关系到运转的实现和持续。如何控制呢？

控制的着眼点

有些费用根本就不需要发生，因此，要从观念习惯上阻塞发生的源头；费用随创业进程的实际需要发生，不要把发生费用的条件事先制造出来；充分利用现代社会分工细密的资源；对创业骨干用目标的凝聚力、和谐的企业文化、派股和期权的方式来凝聚；把经常性的费用与效益相对应；等等。

费用的发生可以通过建立制度来解决，但是，包括费用在内的全部制度，说到底是"术"的层面，而"道"的层面是创业的核心人物的"公"、"正"、"明"，是创业的核心人物处理利益关系的观念与做法：先社会利益，后股东与团队利益，最后是自己的利益。这些，是老板的魂、企业的道，是文化凝聚力的根源。

企业文化的作用

减少运转成本存在于企业运作的点点滴滴，不完全是制度能够解决的，与之相关的是"创业精神"。创造经济剩余的能力，是每一个"单兵"到一个团体的创业精神所产生的精神效率，是任何先进的技术和管理水平等所不能代替的。这种精神首先来自老板自己，其次是你的骨干群体。它渗透到创业过程和经营的方方面面，特别是在创业初始。

加速接近"运转时点"

"运转时点"的含义

"运转时点"是补偿的平衡点，是销售额与可变成本加运转成本两个资金数量的平衡。

> 销售额＝可变成本＋运转成本

这个点所表示的不仅仅是"收支相等"的内容。对创业而言，是生死的转折点，是企业存活的命门穴，是创业所要达到的第一目标，是资本灵魂得以铸就的证明，是资本之根已经成活的标志，是由创业进入管理的转折，是承上启下、继往开来的平台。

"时点"就是生命

由资金投入到推进到这个"时点"之前，是各类资源与要素磨合的过程，是优势形成的过程，是经营模式创造的过程，是通路探索的过程。所有这些完成的标志就是运转。

向这个点推进的过程是资金持续投入的过程。在这一过程中投入的资金，有的形成了生产经营的物质条件，有的则蒸发掉了。比如运转成本是一种消耗，销售收入小于或等于销售成本更是一种消耗，它意味着只能补偿可变成本与销售成本其中之一。

这种状况持续的时间越长，资金蒸发得就越多。没人能够打得起这样的持久战。有许多好项目正是由于经受不起这种消耗而功亏一篑。能不能缩短这个时间，尽快达到用销售收入补偿耗费那个点，直接关系到创业的成败。

时点就是金钱

一旦达到了这个点，就如同登上了高山之巅，眼前一片开阔，令你心旷神怡。一旦到了这个点就像走出了峡谷，眼前一片光明，令你豁然开朗，从此进入了项目的运转阶段，开始了具有历史意义的转折。会是这样的吗?

只要这种收支相等的运转能够持续，三种情况必然会发生:

情况一。假定销售额不变，在运转的过程中，可变成本和运转成本也会不断地降低。这是规律性的结果，好比车启动后有惯力的作用，摩擦力会减少。在收支大体平衡基础上的成本降低就是利润。

情况二。假定成本不变，在运转的持续中销售量会有所增加，这是通路建设产生的结果。销售量的增加会使运转成本相对地下降，间接地产生利润。

情况三。在运转时点两边的要素有四个。可变成本和运转成本在一边，销售数量和产品单价在另一边。四个要素在运转的条件下都会发生变化。运转的存在为变化朝有利的方向发展创造了条件，为各种积极的能动作用的发生创造了条件。只要运转持续，利润就会自然产生。

为了运转的实现就要减轻运转负荷，以缩短达到运转时点的时间。为此要千方百计地努力。

第四节 强化运转动力

上一节讨论了如何尽快进入"运转时点"，减轻运转负荷。这一节要回答与运转直接相关的问题：确保现金流不中断。

现金与资金不同

创业者需要懂得现金与资金的不同意义。

理解现金现象

现金对企业而言表现为银行的存款余额。资金是以货币代表的资产价值。

有这样两种企业：一种资产负债率很高，但却活得有滋有味、正常运转；另一种资产负债率很低，资产数量相当可观却不能运转。这两类极端的情况反映了资金和现金的差别。资金的形式是多样的：股权、期权、债权是资金的形式；厂房、土地、机器、设备、工具是资金的形式；原材料、产成品、半成品是资金的形式；各种各样的应收账款和账目中的利润也是资金的形式。

所有这些都不能代替现金推动资本运行的作用。离开现金，企业一天都不能存活。资产离开现金的催化、融合作用会停滞。如果把资金的各种形式比作身体器官，现金就是血液。当然，现金也是资金的一种形式，重要的是：资金却不等于现金。

现金的超值作用

超值是指超过现金量本身的价值。比如购买原材料，使用现金一次性全额付款可以提出价格上的优惠条件。优惠额便是现金的超值部分。超值还由降低交易成本而间接地体现，尤其是在信誉匮乏的时候。现金的延伸作用表现在"有"本身所产生的影响。这是一种心照不宣的力量。拥有一定量的现金储备是实力的象征。像原子弹，"有"本身是影响力而不在于是否使用它。延伸作用的另一个表现是，一旦使用得当，能在许多交易的场合掌握主动权，抓到某些没有现金则望而兴叹的机会。

现金断流的原因

现金流的中断是一个表象，是企业经营活动的表现和结果，其原因可以追溯到核心竞争力、营销水平等。从这个意义上说，解决现金断流问题应该从根本上入手进行综合治理。尤其要防止"时点通病"与管理失控。

"时点通病"是指在资金的使用上，认为资金投入是从计划开始到把产品制造出来推向市场的那个时间点为止，在指导思想上认为只要到了那个点，资金就会回流，再生产所需要的资金就会在销售收入中得到补偿。而事实是，创业进程一旦到了计划中的那个点，销售收入往往不会自然产生。在相当长的时间内达不到能够补偿全部耗费的程度。这时，如果没有后续资金的补充，现金流就中断了，"时点通病"届时将发作。

管理失控是初创企业的现金断流的另一个原因。有的是摊子铺大了，控制能力与管理手段跟不上了，出现了无处不在的现金滴、漏、跑、冒。有的是"订单危机"。订单这个东西，不怕小就怕大，大了往往会出事，因为大额订单兑现的可能性小，运作的周期长，隐含的意外因素多。接下了大额订单，企业就需要集中资金，开足马力组织生产。一旦在交货结算环节出了故障，资金不能回流，危机便接踵而至。还有的是"两头挤压"。一头是采购方面全部现金预付，另一头是赊销销售。现金受到两个终端的拉扯，随时都有断流的危险。

断流的原因还可以继续罗列下去，但它终归是一个现象，重要的是从源头上、制度上加以防范。

防范断流的办法

计划要以财务实力为基础

从项目的选择到规模的设计，再到进程的安排，都要从资金能力出发。不要留缺口，不要过度举债，不要追求高起点，不要幻想有奇迹出现，不要讲排场搞形式主义，不要听信诸如"飞速"、"超越"之类的豪言壮语，不要把计划建立在可能性和某些承诺的基础之上。

为"回流期间"准备维持费用

所谓"回流期间"，就制造类项目而言，是从产品生产出来到销售收入回流的这段时间。就服务性项目而言，是从可以拿出服务产品到服务收入能够补偿运转成本的这段时间。任何实体创业必须承认这个期间的存在，它是创业过程中的一个阶段，是从销售条件的创造到销售实现的过渡，是绕不开的。

这期间维持运转的费用是必要的，在创业伊始就要做出安排。在资金用途的分配上，除了回流期间的维持费用之外，还应该有"总预备队"。在实体投资中，事先没有计划的收入是不可能出现的，而事先未曾预料的花费是必定会出现的——不管你的预算是多么地详尽。

提高控制水平的两个要点

现金的控制是一个相当有难度的技术问题。困难来自经营活动中资金运动的两个矛盾。

一个是现金与销售额和利润脱离。比如产品卖出去了，会计则会依据开具的销售凭证记账，销售额和其中的利润就反映出来了。可资金是否全额地及时到账则是另一笔账目。这中间的差额所体现的是现金与销售额、现金与利润的不相等。它会经常掩盖真实的现金流量。

二是减少由应收账款产生的差额。财务明细中的应收账款反映的是资金往来关系，体现的是企业短期债权，记在资金平衡表中的资金来源一方。但它掩盖了资金平衡的真实，应收账款不等于实收账款，甚至不等于能收回的账款，不是资金的真实存在。

经营活动中的应收账款产生了收支时滞和收支量差。收支时滞是销售发生与销售实现之间的时间差。收支量差是实际到位与尚未到位的数量差。两个差的存在是现金流中断的根本原因。这样，对现金的控制可以具体到对应收账款的控制。从治标地减少应收账款，到治本地杜绝应收账款，要把现金存量与账面的销售额、账面的利润区分开，监督现金流进流出，让它在相对封闭的状态下运行。

现金问题归结起来是储备、流出、流入三个方面。储备是一个定量，流出比较容易控制，难点是流入问题。这个问题要从销售入手，好比血流量还是要依靠自身造血的功能。

运转动力的来源

马的力量拉动着车行进，销售实现的货币额维系着企业的运转。

两个动力与两个来源

在《资本论》第二卷第 18 章里，马克思正确地认识到，"每一个新开办的企业的第一推动力和持续的动力"[①] 都是货币形式的资本。他告诉我们：货币在企业发展的不同阶段，发挥着"第一推动力"和"持续的动力"两个作用。不同作用的货币有着不同的来源。区别货币的不同作用和不同来源，关系到货币的投入到什么时候结束，运转从什么时候开始。

货币的第一个作用是按特定的项目集合资源，创造一个有机的生命体，是发动整个过程的第一推动力。货币来源是创业者事先准备好的货币。货币的第二个作用是推动企业运转的货币。它不是创业者事先准备好的货币，而是源于第一推动力所创造的系统功能。

运转研究的是第二个动力的来源。动力来自系统功能中的销售环节。货币在创业的两个阶段有两个作用和两个来源。很像是利用火箭发射卫星，第一个阶段力的作用是把卫星送到预定高度的轨道，动力来自火箭的燃料。第二个阶段力的作用是让卫星沿轨道运

---

① 《资本论》，2 版，第 2 卷，393 页，北京，人民出版社，2004。

行，动力来自离心力与地球引力的平衡。运转研究的是力的平衡条件——销售。

持续动力与及时回流

运转来自持续的动力，持续的动力来自以系统功能为基础的销售。销售问题是及时回流的问题。不仅要销售，还要实现货币的回流；不仅要回流，还要及时。及时是运转实现的关键。为了理解及时的作用，创业者要知道五笔账。

一是机会成本。假设 100 万元货款推迟 6 个月结算回流，按10% 的年利率计算的机会成本是 5 万元（贷款利息）。

二是通胀税。为保持经济的一定增长速度而实行的积极的财政政策和货币政策可能会导致通胀。避开用综合物价指数校正币值的烦琐，假设通货膨胀率是 5%，半年是 2.5%。半年后的 100 万元的货币价值就少了 2.5 万元。这 2.5 万元是替客户交纳的通货膨胀税。

三是结算成本。只要财务科目中有"应收账款"就存在结算成本：电话费、差旅费、各类凭证费、邮寄费，还可能包括诉讼费等不可计费用。

四是发票税款。一旦结算迟滞，对方要求你先开发票再付款，那么，如果对方付了款，从银行户头上划走税款在先而收到货款在后；如果开了发票对方仍然不付款，那你更是"赔了夫人又折兵"。

五是呆死损失。假若在应收账款中有 10% 的呆死账，那么损失的就可能是 100% 的利润。10% 的销售额意味着全部销售额中所包含的附加值，因为通常制造企业的毛利率即产值利润只有 10% 左右。

上述五笔账说明：及时意味着生存，不及时意味着死亡。

避开应收与防患未然

规避损失的办法是在销售中设置防范机制，回避应收的发生。建立及时清结货款的指导思想：宁可利薄一点也要收现，宁可保本也要及时，宁可亏一点也要防止呆死。把这个思想贯彻到销售通路选择、模式设计和销售管理中。

通路选择。通路是把产品摆到最终消费者面前的渠道。直销是确保资金回流的办法。直销不一定是自己建立销售网络。可以盯住有影响力的展销会，也可以使用网络销售的多种办法。经销是选择经销商的问题。要从良莠不齐的商人中选择有专业素质、有规模、有历史的商家。代销的关键是集中管理。实行代理销售的范围要集中，由专门人员定期送货、结算、调货等。

销售模式。为在销售模式的设计上确保回流，模式的设计要简洁，减少甚至避开中间环节。环节一多，问题就会变得复杂化，规范的难度就增加了、货流运转的阻滞也增加了。简洁的模式是指从销售主管到经销商、代理商之间只设一个管理层次。

销售管理。为了能管得好，在销售区域和客户数量上都要以能够把控为前提。销售区域集中未必销得少。集中做得好照样能形成销售规模。集中的仓储、配送、人工费用和工作效率构成集中的有利因素。集中有利于对销售人员的管理，管好他们就是管好商家和货款。培训与监督是必要的，回款额与收入挂钩是有效的。

销售回款的根本在于产品适销对路、物美价廉。商人的信誉取决于产品的走货量。希望商家讲信誉，就要让他看到合作的"钱"景。

实现运转的策略

运转需要负荷与动力的平衡，策略是三个前提与两个重点。

三个前提：小、专、点

小是指整体规模；专是指产品功能；点是指市场开拓。

规模要小，由产品数量和生产能力的设计所决定的整体规模要小；功能要专，要把优势聚焦到最突出或最具特色的一个功能上来；只做一个点，在资源有限的条件下，为实现最低成本的销售，把销售集中在一个城市或一个领域。

三个前提为两个重点创造了条件。

重点之一：减

减的重点，一是减少固定成本的投入。问题是能实现多少销售收入是不确定的。我们能够而且应该首先做到的是千方百计地减少投入，减轻补偿的负荷。二是减少运营费用的使用。关键是以运转为尺度有计划地使用资金。包括制定费用合理的标准，按照项目发展阶段规定每个阶段的费用额度。

重点之二：增

增加销售收入有三个步骤。

第一步：以销售为中心的组织建设。创业，就是弄个东西卖出去。在有了东西的基础上要解决卖给谁、怎么卖的问题，前提是要解决谁来卖的问题，即以销售为目标的人员配置。组织建设要从大到小进行——层级建设。人员配置要从少到多。还有相应的责、权、利安排，包括晋升制度和薪酬设计等。

第二步：以销售为目标的基础建设——营销基础的建设。从产品的功能、质量，到产品的成本，是基础的基础。直接面对市场的基础首先是队伍建设，在这个基础上才有营销基础的建设，包括：一个好的产品介绍，一个好概念，一个好名字，一个好的包装，一套好的制度，合适的价格，客户资料，销售业务的流程等。

比如一个好概念，将简洁而富有魅力的一句话或一个词当做卖点，卖点是销售的利剑，用它撞击人的心灵，捅破他的腰包。再比如一个好名字，能把产品、商标、企业名字统一起来最好；借知名资源来命名是传播的捷径；用产品用途或特点命名最便于识别。定价要特别慎重。

第三步：销售模式的设计与探索。先是设计，先想明白使用什么方式让目标客户了解你的产品，要想出几个套路——具体到产品彩册、客户名录、接触方式、名片、产品演示等问题。然后是"试"，一个一个去试。模式就是在磨合中试。在试的过程中修正和稳定销售模式，建立业务流程。

大手笔

一个干部带 2 000 万元下海，用红薯做方便粉丝。不到两年赔光了本金，还欠了 3 000 万元。

建厂、买土地、购设备花了 3 000 多万元。一包方便粉丝还没卖出去，3 000 万元先搭了进去。

销售采取了高举高打方式，仅全国超市的进场费和条码费，就花了 2 000 多万元！

结果可想而知。

运转是创业的重要阶段，它以生存为目的，以补偿为内容，是企业生命的源泉与存在形式，是解决一切问题进而实现盈利的条件。

延伸思考

1. 概括运转含义的三句话是什么？

2. 运转作为创业第三阶段的主要特征是什么？

3. 为什么说运转是创业的第一目标？

4. 为什么说运转是一切问题的解决条件？

5. 运转与盈利的关系是什么？

6. 抛弃固定成本补偿的理由是什么？

7. 举例分析资金断流的原因和解决的办法。

8. 概述确保运转实现的三个策略。

Entrepreneurship

第十一章

点规模渗透的销售模式

第十一章

点规模渗透的销售模式

销售是运转实现的最重要的条件。通常的营销理论，其潜在的前提是"已经存在的"企业如何做销售。那么，创业企业该如何做销售？这一章首先指出创业销售的特殊性，具体表现为与已经存在的企业的销售相比较的"十个没有"。"十个没有"表明创业企业缺少营销基础。因此，建设创业企业的营销基础是创业营销的首要问题。根据"创业中的一切问题都是实践问题"这个规律性结论，建设营销基础离不开销售实践。这就需要一种低成本、可持续、易操作的创业销售的实践模式，这种模式叫做"点规模渗透"。

第一节　创业销售的特殊性

在销售产品的问题面前，创业者通常能想到的是平时见到的别人做销售的方法。

创业销售的习惯做法

尽快把产品卖出去的强烈愿望加强着创业者的急切情绪，导致在指导思想和销售实践中有这样一些做法。

在销售布局上多多益善

站在地图前面看着幅员辽阔的中国版图，不禁产生无限期待与遐想："多大的市场啊！如果占领十分之一就不得了。10 000 个人中有一个人买我的一个产品，那我就赢定了。"于是乎，一个"村村点火，处处冒烟"的网点布局计划形成了。这样的做法往往会有怎样的结果呢？多处布点导致销售成本大于销售额，货款抵不上费用；多而散的销售代理商，导致许多商家不能及时回款，一部分货款呆死。

在指导思想上追求销售额

急切地要把产品卖出去的强烈愿望表现为强烈地追求销售额，导致在销售方式上"有奶就是娘"。只要能销怎么干都行；只要能销谁干都行；只要能销可以不计成本；只要能销可以忽略销售管理，没有章法，粗放经营。这样做的必然结果是：到处跑、冒、滴、漏，一场乱仗打下来，失去了销售的主动权，钱货两空。

在具体做法上沿袭老一套

在销售通路上有路就去走，不惜花钱做广告，不惜交费参加博览会去寻找大客户；对于有代理意向的商家，不管他有没有实力，是不是专业，守不守信用，先把货发给他再说。这样做的结果是"赔了夫人又折兵"。比如花了钱做广告，参加了博览会，没有碰到想象中的大客户和经销商，相反，碰到的、找上门的都是把你当做客户，当做产品与服务对象的人。

林老板的销售主张

林老板在一家农业科学研究所工作，他包下了研究所用来做实验的十几万平方米土地，靠种果树赚了钱。现在，准备用大红樱桃做酒。他找到赵延忱老师谈起这个项目。

林："我要做成一个品牌。"

点规模渗透的销售模式

赵："品牌是品质在时间中形成的，开发新产品的第一目标是用销售收入补偿耗费。有了生存基础才有条件逐渐地产生品牌。培养起消费者对一个新产品的认同不是一日之功。靠你的 1 000 万元资金来培育一个消费观念，认知一个产品并不现实。"

林："我可以做广告啊！"

赵："信息如倾盆大雨，尤其是在自媒体时代，100 万元砸到广告上好比是几百个雨点。指望靠广告砸开市场至少有三个问题。一是 1 000 万元资金够不够？总不能把这 1 000 万元都拿来做广告吧。二是靠广告砸开的市场很难持久。三是做广告的条件是不是具备？新产品开发是一个系统工程，广告只是其中一个点。要让这个点发挥作用，需要产品成熟和系列化，还需要价格适合、铺货与管理到位等条件。这些事情没做好就不要做广告。"

林："我可以进大商场啊！"

赵："大型超市采取与企业联营的方式，把你的货卖掉了，30%左右的货款要被扣掉。30%是销售额呀！这就要求你的产品要有很大的毛利率，否则是不够扣的。这又回到了产品附加值和品牌的问题。没有这些，不可能有很大的毛利率和很高的零售价格。这些功夫没修炼到一定程度之前，贸然进入大商场是赔不起的。"

林："我可以与代理商合作啊！"

赵："对新企业而言，用代理商的钱来做市场是行不通的。为什么呢？你的产品没有品牌知名度，没有稳定的消费群。让代理商拿钱进你的货是不可能的。即便是代理商拿了你的货也不会好好卖，摆上十天半个月就放到仓库里了。只要走货不快，占他的货位是不行的，那是他的资源。代理商多了，还会出现收回货款的困难，产生呆账。"

林："那我可怎么办呢？"

体现特殊性的"十个没有"

初学乍到做市场，难免沿袭老套路。深层原因是不知道创业销售的特殊性。特殊性是指新企业不具备营销的基础，营销基础体现为新企业与运作多年的企业相比较的"十个没有"。

没有品牌及其知名度

品牌是以内在品质为基础，在较长时间中形成的知名度、认知度、美誉度、忠诚度。创业企业没有历史就没有品牌。经销商凭什么相信你？用户何以从千百种商品中选择你的商品？

没有清晰的市场目标

创业之始，产品的消费目标是有的。但是，准确与否只有在市场销售的实践中，在对目标需求的深刻理解中才能够确定与完善，否则，很可能是一厢情愿。

没有自己的销售渠道

销售渠道是在销售实践中逐渐摸索出来的。新企业在一个时期内不知道或不确定自己的产品走哪一条渠道更合适。当然也就没有自己的经销商、代理商和销售终端，甚至没有与他们打交道的经验。

没有自己的销售队伍

知道了产品要卖给谁和怎么卖，谁来卖就成为了主要问题。销售队伍是销售主体，队伍从产生到熟悉产品和市场有一个过程，这个过程也只有在销售第一线的打拼中才能完成，队伍才能稳定和成熟。

没有销售管理的经验

销售管理是销售的系统软件，包括部门与人员配置、薪酬设计、激励机制、业务流程等。一套简单而实用的管理体系不是一蹴而就的，同样要在销售实践中形成。

没有稳定的价格体系

价格体系包括零售价、经销商价、代理商价、区域价，还有产品组合价、与批发数量相联系的优惠价。适合市场状况的价格体系的形成也不是一日之功。

没有独特的产品概念

好的概念能体现产品的品质和特色，突出与同类产品的差异，与消费者内心的需求相呼应。产品概念的提炼是艰苦的劳动，有了概念也要在实践中检验，需要在销售实践中反复琢磨，几次修正才能完成。

没有很好的产品包装

好的包装能够在第一时间抓住消费者的眼球，能够反映产品内在的品质。好的包装既不能过度包装，又要大气、精致、有特色、有正规感。这样的包装需要精心设计。

没有足够的产品系列

创造企业形象，降低销售成本，在终端占有空间，运用价格策略都需要产品系列化。系列化是功能的强化和市场目标的分解，系列化也可以通过产品的重量、机型的差别来形成。这是对产品自身的理解和对市场细分的实践过程。

没有足够的宣传资金

大企业把销售额的一个百分数固定用做广告费。新企业做不起广告。少量投放没用，大量投放没钱。对于内容的创意、媒体的选择、投放的数量与时间，新企业是没有经验的。

创业企业没有的东西不止这十个。比如，没有稳定的销售流程，没有多年交往的大客户。别人有的你没有，这就是创业的"实际"。知道了这个"实际"就知道应该做什么。

第二节　建设创业营销的基础

创业销售的特殊性是营销基础的缺失，表现为"十个没有"。把"十个没有"变成"十个有"是营销基础的建设。建设分为两部分：一是以产品为核心的五块基石，二是直接面对市场的五个构件。

营销基础的五块基石

基石的核心是产品，产品是销售的基础的基础。没有它，销售的一切努力不会发生作用。五块基石是产品的功能、价格、成本、系列与综合。

功能

功能是指产品能够满足人们的某种需求的属性。它一开始就构成了创业的内容，贯穿在创业活动的始终。

功能由谁决定

功能是企业内部的事，却由外部决定。大家都知道市场是消费者说了算，而做起来往往不是这样。创造新功能，从设计到制造倾注着多少心血，此间孕育着不愿意被否定的情感。但是，面对市场必须贯彻的原则是：功能由市场决定。这就要求抛弃"孩子情结"，抛弃对消费者的揣摩猜度，抛弃闭门造车。企业的事情由市场决定。

标准由谁决定

研究标准的人强调标准由需求决定，是越过了需求与标准之间的一个环节：功能。需求通过功能决定标准：需求—功能—标准。需求决定功能，功能决定标准，离开特定的功能，标准就无的放矢。澄清这个关系是解决标准选择的问题，同样的功能有不同的标准。在国际上为什么由技术决定的标准能够成为贸易壁垒？原因是企业自己有着高于行业和国家的标准。这样的标准造就了超过消费者期望值的强大的功能。

标准是暂时的

标准能够稳定是做企业的人的期望。事实上稳定是暂时的，它是相对于企业自身以往的努力和现有的行业标准而言的。在与消费者的摩擦中，会在满意中发现不满意，在完美中发现不完美，在成熟中发现不成熟。这就逼迫功能要不断地变化：有的要强化，有的要修改，有的要删除，有的要增加。标准也要随之改变。标准的改变还来自竞争对创造性的要求。达到标准是市场进入问题，创造新标准则是形成持久的竞争力的问题。在标准领域，竞争是创造思维的起搏点。

价格

如果随意定价，价格就会随意变动。随意变动的价格不仅影响销售，还直接影响费用补偿。价格是企业与市场的结合部，即便是其他事情都做得很好，仅定价的随意便会"一着棋错，全盘皆输"。关于定价，一些因素必须考虑，一些原则要遵守，一些技巧可以运用。

影响定价的因素

人们熟知的价格形成是成本加毛利率。此外，销售方式与价格有直接关系。比如，通过大商场销售，价格与消费者的消费观念相联系，出于对产品档次定位的考虑定价则可以略高。通过经销商销售，则必须把附加值的大头让给他。定价不可忽略销售成本，对销售成本占销售额的比例要心中有数。定价还必须从消费者的角度，寻找在功能上相近的产品价格做参照。如果生产能力制约产品数量，可抬高价格以限制市场。

定价的技巧

同一产品可以让功能、款式、包装、重量产生差别，不仅形成了产品系列，还制造了价位的差别。高价位可能销不了多少，却能够反衬中价位的合理。如果对市场的价格承受能力心中没底，可采用区域试验的办法来定价。在不同地方使用不同价格来销售，看效果后再决定价格。还可以利用人对待货币金额的层次观念定价，小的层次是 1 元、5 元、10 元，大的层次是百元、千元、万元。举例说，该定 4.5 元的，可以定 4.8 元，不可以定 5.1 元。因为 4.5 元和

4.8 元在消费者眼中是一样的，超过 5 元就不一样了。

价格形成的基本依据

以市场接受的价格为起点向销售成本和直接成本倒推：销售额扣去运转成本和直接成本除以销售数量，再参照上述影响价格的相关因素做"毛利"，单件产品的基础价格就形成了。这样定价迫使企业在降低成本上下功夫。这是以市场能够接受的可行性价格为基础的定价办法。

成本

成本与运转相互依存的关系还表现在：价格一定，成本的高低直接关系到运转的进行。成本的发生只有在运转中才能清晰。离开运转就不知道成本是怎样发生的，也不知道降低成本的方向，更无搜寻降低成本的措施。可见，成本决定运转的进行，运转决定成本的降低。

成本与利润有时不成比例

成本的重要性表现在它与利润的关系，理论上是此多彼少，互为消长。实践中的消与长往往是不成比例的。假如 100 元成本的毛利率是 10% 即 10 元，把成本降低 10%，毛利则增加 100%，原因是成本的绝对值是大的。

成本有绝对与相对的区别

绝对是成本额绝对地下降。相对是由传递效应所产生的整体效益的相对下降。比方说，成本的绝对数可以增加，只要收益增加的比例大于成本增加的比例就是成本的相对降低。例如：销售成本与销售额对比，工资成本与产出量对比。成本绝对增加与相对下降同时发生是常有的。

不要相信创业初期成本

不能把创业初期的成本作为制定价格、判断项目可行与否的基础。只要运转持续，在降低成本方面会有无限的潜力。温州打火机的电子点火器，成本从最初的 5 元降到了 0.2 元。降低成本可以运用人们常讲的 20% 和 80% 的思路，把思考的重点放到构成成本 80% 的部分上。还要从发生成本的根本抓起，顺藤摸瓜，逐方面、逐环节、一点一滴地节约。知道节约每一分钱的企业家才是有真功夫的企业家。

系列

产品必须形成一个系列，直接的问题是综合成本高。开始可能先做出来一个核心产品，接着就要从功能分解等方面入手让产品形成系列。

什么是系列

所谓系列是指以一个核心资源、一个核心产品或一个品牌为基础，通过功能、剂量、型号、包装和价格的差别制造出多个相关产品的营销策略。

系列的必要

首先是创造企业形象的需要。多个产品表示的是企业生产与经营的规模与资源的厚重。其次是降低销售成本的需要，包括管理成本在内的综合成本这个分母被多个产品的分子来分担，成本下降是一定的。

销售的策略

产品系列化是一个简单、易行、有效的销售策略。一是有多种产品在销售终端，比如在商场的货架与柜台占有的空间大，易于被注意。二是运用价格策略的需要。不同产品自然产生不同的价格，不同的价格会适应不同的消费群体，给消费者以选择的余地，促进其购买。

综合

什么叫核心竞争力？是先进技术吗？占有顶尖技术的企业并不多，绝大多数企业的竞争能力主要不是拥有尖端技术。是预见未来的能力吗？一个预见带来的优势会很快地被仿制。企业存活必有其"道"，这个"道"通常是企业以优势资源为基础的综合性能力。

优势是具体的

带有独占性质的优势，可能是很高的技术含量；可能是先见之明；可能是在分工细密的基础上把某个东西做得很精致；可能是把普通事物进行创新，搞出了特色；可能是对某一领域有十分精湛的业务能力，通透其中的各个环节。

优势是综合的

优势是以特殊性的优势为核心的诸多要素的集合：知识产权、产品差异、功能特殊、销售网络、企业形象、品牌信誉、基础设施、管理能力、较低成本、熟练的工人、品种的系列化、独特的经营模式、金融部门、政府、供应商、客户的关系，等等。可能是上述中的几个，也可能是多个。

都是运转的结果

"特殊"与"综合"是在运转的过程中通过积累、添补、筛选、匹配逐步完成的。只有经过了这样的磨炼产生的综合性能力才是真正的核心竞争力。这样的竞争力不能仿造、复制、取代与克隆，不会因几个人的跳槽而流失，它才是长期有效、经久耐用的竞争力量，是真正的铜墙铁壁。

系列化打败对手

二杠酒是东北名酒。邻省的一种叫官叶的白酒进入了这个地区。官叶酒的质量和口味与二杠酒极其相似，价格却低 1 元。二杠公司拿出了令人意想不到的策略：

原二杠酒价格不变，推出一种比二杠酒高出 2 元的头杠酒，又推出比对手官叶酒低 3 元的三杠酒。把它原来的一种价格分解为代表不同档次的三种价格，实施对竞争对手的围攻。

二杠酒没降价，维护了公司形象；推出了更高档的头杠酒，使对手沦为一种普通品牌；推出的更低价格的三杠酒，更夺回了对手已占去的市场份额。两年后，来势凶猛的官叶酒悄然退出了该地市场。

开拓市场的五个构件

一个好概念

资源是块钢，产品就是一把剑，而概念就是这把剑的"锋"。用它的锐利点开消费者的心，激发其购买的欲望。它的神奇来自简洁而富有魅力的一句话或一个词，说出产品的优秀品质，道出产品的与众不同，撞击人的心灵感应。有了它，内涵得以显露而有了灵性，品质得以提升而有了几分神奇，特点得以突出而有了几分诱惑。它给了目标客户购买你的产品的理由。这句话要好懂、好听、好记，如果有几分幽默就更好了。

"女人头等大事，岂能帽不惊人"

这是一种便携太阳帽的广告语。没说这个帽子开闭自如，小巧玲珑，便于携带，因为这些特点一目了然。这个广告仅仅是抓住女人追求时尚、追求衣着个性、期盼被人注意的心理。

把它做成条幅，在旅游景点与庙会等场合，悬挂在两棵树中间，条幅下面的帽子像一片开在空中的花，很是招摇抢眼。

就这个词而言，在创意的思路上，不拘泥于你引为骄傲的那个优势，而是从买者心理的需求出发，揣摩女人不愿意说出来的需求点，把这个点与你的产品的某种特性相联系。

一个好名字

给产品起名有四个原则：一是把产品、商标、企业名字统一起来好处多；二是借知名资源来命名是传播的捷径；三是用产品用途命名最便于识别；四是用产品特点命名则容易区隔同类产品。

"做足益佰"

"做足"：表示做足疗保健的；做得很充足、圆满、到位、专业，任你去想它的含义。

"益佰"：表示有益处，有好处，当然是对身体的益处很多，多到有一百多种益处。

一个好包装

包装对产品销售的影响是直接的。几乎与产品有关的一切重要的信息，需要表现的、需要让消费者知道的那些内在的东西，都要通过包装显示：优秀的内涵、鲜明的个性、价值的外露、企业的正规、做事的精心等，都要通过包装被人感觉到。此外，在卖场是不是醒目、占位、有视觉冲击力，也要靠包装的个头、色彩、新颖、情调、设计独特来实现。

产品是要嫁人的姑娘

经过了长期的努力，成功地完成了产品的研发到生产的漫长过程，好比是等了 18 年的大姑娘终于要出嫁了。

怎么就不能花 18 天时间把她修饰一番，漂漂亮亮，光彩照人，体面大方地嫁出去呢？

一支好队伍

建设"精干、高效、忠诚、稳定"的销售队伍是创业的基础工作。首先，要培养起销售人员对自己产品的热爱，理解产品的优秀内涵，相信它能够给顾客带来实惠。其次，要让销售者把卖产品当成事业目标。要设计完整的薪酬体系，增加到让他觉得可以为之奋斗终生的程度。最后，要为销售人员达到目标创造条件，包括建设完善的营销基础，定期培训与交流开拓市场的经验、与经销商打交道的经验、临门一脚的经验、竞争对手的经验等。

一套好制度

创立制度的前提是建设组织。先从销售的组织建设入手，设置业务部门并确定负责人。然后是相关制度设计：权利、责任、工资和提成。最后是在这个基础上设计业务流程。制度建设的顺序要先大后小。大制度建立之后，才可能逐渐产生小制度——发货制、结算制、奖惩等。制度一定要简单明了。若制度烦琐，说明对这个制度所要解决的事情还不清楚。

第三节　点规模渗透模式

什么是点规模渗透

点规模渗透的含义

什么是"点"

"点"的含义是销售范围的集中，比如一个城市、一个区域或一个群体。就区域而言，首先是你所在的城市。符合"创业的 18 个先后"中"先做近，后做远"、"先集中，后分散"的原则。取得局部经验后则是大城市，必须是一个，只能是一个。

什么是"规模"

"规模"的含义是铺货终端的数量。首先是广度。在一个"点"中开辟多条通路，只要是与你的产品相关的通路都要开拓。其次是深度。把能够开拓的每一条通路做深、做透。通过广度做全和深度做透，达到最大限度的终端铺货：东西南北的方位终端，大小高低的层次终端，全都铺到，不留死角。

什么是"渗透"

"渗透"的含义是蚕食性的铺货办法。利用"点"创造的集中的条件，在"点"上实现规模。不靠做广告，不通过经销商，靠自己的销售队伍，从代表厂家的经销点直接与销售终端连接。渗透的过程很像"扫楼"，一个也不能少；像蝗虫吃庄稼，吃得干干净净；像蚂蚁啃骨头，从头到尾，不留死角。

三者之间的关系

"点"、"规模"与"渗透"之间的关系是：以"点"为基础，通过"渗透"的办法，实现终端铺货的"规模"。

"点"决定渗透

"点"创造了短距离。厂家与销售终端的短距离使运用渗透策略成为可能。"点"创造了低成本。"渗透"是具有蚕食特点的行动，这样的行动需要时间，而时间联系着费用。"点"创造了低成本的条件，让"渗透"可以不计时间成本地慢慢完成。

"渗透"产生规模

"规模"的产生是"渗透"的结果，是在不同通路上持续地渗透，是在一条通路的全部终端上持续地渗透，大量铺货的"规模"就产生了。"渗透"是连接"点"与"规模"的中间环节。

虹吸作用的产生

虹吸是让液体经过高于自己的液面的位置，把液体引向低处，是能够让液体通过高处的阻隔，自动地流向低处的一个现象。

虹吸现象发生的过程

把曲管的两头插进高低两个液面。只要管子处于真空状态（包括充满液体），不论中间有多少阻隔，流动都会自然发生。企业和终端好比是虹吸现象中的两个液面，渗透好比是连接两个液面的曲管。产品好比是管子里的液体。

要让管子里的液体自动流动，要把管子的两端分别插进企业和终端这两个"液面"。插入企业的工程是在产品效能和质量的基础上建设创业销售的基础。基础做好了，就创造了企业这一端的高位。插入销售终端的工程就是铺货。

虹吸现象发生的条件

企业与终端两个"液面"通过管子里的"液体"——产品连接，企业以其"高位"的推动力，终端以其低位与产品"水流"结合产生的拉力，使得产品的"水流"流动起来，虹吸现象发生：流动的"水流"以其自身的"力"拉动着产品"水流"自身。

可见，虹吸现象产生的条件：一是高位的企业，二是中间的管道，三是低位的市场。而低位的市场正是"渗透"创造出来的终端铺货的"规模"。"点"是基础，"渗透"是办法，"规模"是目的。而虹吸是"点"、"规模"、"渗透"创造的模式效应。虹吸现象的原理还告诉我们，管子不能太长，若太长，虹吸现象的"力"会被"摩擦力"抵消掉，使虹吸的效果打折扣。"点"制造的"短距离"使得"虹吸"效应得以产生。

"规模"达到一定量自然产生虹吸现象。因为终端铺货的规模与

291

走货的数量之间存在一个正相关的固定比率，比如 10 ∶ 1。虹吸现象一旦产生，销售就进入续货与结算的流程管理。在销售实践的基础上，逐步建设适合自己产品与市场特点的营销基础。

点规模渗透的实施

在北京南三环刘家窑的一个院子里，办公室的墙上挂着一幅巨大的北京地图，地图上只有不同颜色的点。一种颜色代表一个渠道，三种颜色代表三个渠道。三种颜色的点代表三个渠道的销售终端。已开辟的终端为实心点，待开辟的终端为空心点。这就是一种管理工具。有了它，全北京有多少渠道，每个渠道中有多少终端，哪些终端已经开辟，哪些终端有待开辟一目了然。

操作流程

开拓先行。先是开通一条渠道中的销售终端：一个一个地寻找，一个一个地洽谈。以签订销售代理协议为目的。一条渠道做透后再开拓第二条渠道。

两个同步。开拓渠道与送货同步进行。随着《销售代理协议》的签订，开始给代理商送货。与此同时，开拓市场持续进行。

三个结合。送货—续货—结算结合起来，三件事一个人，一辆车，一条路线，完成当日任务。

管理方式

一个中心、两个点、三个人。中心是老板，负责信息收集，汇总统计表。统计表包括拓展的点（合同）、铺货的量（收货单）、续货的点（电话记录）和结算的款项（前期收货凭证）。

点之一是市场开拓的负责人。他负责寻找、洽谈、签约。负责市场开拓的人，每天把代理协议交给老板，同时交流渠道信息。老板下达《送货结款任务书》给送货负责人。

点之二是"两送一结"的负责人。他负责送货、续货和结算。负责送货的人有三项职能：一是准备送货、结算的文件（送货，根据《销售代理协议》；结算，根据上次送货对方签收的收据）。二是要制定线路图，不漏户，不走回头路。三是做日统计表，汇总每天的情况向老板汇报。

靠一张统计表掌控一切，用《送货结款任务书》指挥一切。用这种简约式的管理，做到了情况明、有效率、管得住。

点规模渗透的功效

把销售集中在一个点，看上去销售规模小，其实规模很大；看上去速度很慢，其实速度很快。

神奇

似小实大

只做一个点是不是很小呢？有意义的是终端的"量"。做透一个"点"的终端数量可以比十个点还大。因为做透一个城市的渠道量比做十个城市还多，做透一条渠道的终端的量比做十条渠道还多。尤其是做一个大的"点"。一个大城市的人口是一个中等城市的十倍；购买能力是中等城市的百倍。"点"的减少会使终端数量进而销量增加，是集中的优势——深度、广度和力度带来的结果。

似慢实快

一个一个终端地去谈判签约不是很慢吗？其实，做一个落实一个，一天一个，一个月就是 30 个。假若一个省会城市有 1 000 个销售终端，如果你不具备低成本条件下的持续运作能力，一年下来能做 30 个终端就不错了。十个省会城市不过是 300 个终端。如果你集中力量，高强度、大力度地持续运作，一年拿下一个城市全部终端的 60%，那就是 600 个。这样，一个城市的终端数量是 10 个城市的两倍。这就是集中条件下的持续的"精耕细作"和分散条件下的"粗放经营"的差别。

效果

点规模渗透的销售办法解决的实际问题有十个之多，解决了销售进而运转的实现，进而新企业存活的问题。更重要的是，它是创业销售一系列问题的综合解决之道。

解决创业销售资源有限问题

新企业的销售资源匮乏。这个现实决定了销售策略，只能把现有资源集中于一个点，创造局部优势才可能产生出效率。这是弱中求强的明智选择。

解决在实践中学习销售问题。把销售集中到一处，并且是从一条渠道开始，正是解决"你事实上不懂销售又必须做销售"这个矛盾的途径。把"干销售"与"学销售"统一在"从小做起"、"集中一点"、"探索前进"的销售实践中。

解决有效的客户管理问题

"丑妻近地家中宝。"这个道理同样适合销售。仅仅是距离"近"

这一条，也就是销售主体与销售对象之间的短距离，就会对客户管理带来很大的方便，提高了销售管理的效率。

解决销售队伍管理问题

创业企业的销售队伍是不成熟的；忠诚度是没有经过检验的；老板对如何管理这支队伍是没有经验的；薪酬设计可能是脱离实际的。在这种情况下，把销售人员分散到全国各地不闹出乱子才是奇怪的事。如果把他们集中在一起管理，情况就大不一样。

解决销售成本高的问题

先看绝对成本。开办 10 个办事处和开办 1 个办事处哪一个费用低？再看相对成本，即单件产品中包含的销售费用，例如 1 万元的销售成本产生 10 万元还是 100 万元的销售额，决定了单件产品中的销售成本是 1 角还是 1 元。

解决销售环节多的问题

由企业到消费者之间的环节越少越好。环节越多则流通成本越大，零售价格越高。零售价格越高，市场竞争力越低，终端走货量减少。终端走货量减少，增加经销商的货位成本，减少他的利润，影响他的付款积极性，使得回款的时间更长，占用企业的流动资金就越多。

解决终端管理效率低的问题

销售集中在一个点，管理者对销售人员的直接管理扁平化。这样，销售主管通过销售人员直接管理销售终端。在企业与终端之间只有一个环节：全部的管理是对销售员的管理。管好了销售员就管住了终端。

解决销售回款不及时的问题

如果把销售回款的比例加进来，"点规模渗透"的作用就更大了。大到什么程度呢？一个点的销售盈利就是十个点的数倍。不妨算算一笔账：90％的回款率是什么意思？是10％的呆死账。10％的呆死账意味着什么？是100％的销售利润。因为单价中的利润只有10％左右。10％的货款就是100％的利润。集中管理为回款提供了解决之道。解决了货款回流问题，就是解决了新企业的销售实现的问题。

第四节　在三条通路上渗透

点，为实施终端铺货量创造了条件。在点与终端之间是通路。为在点上做透，就要开辟所有通路的全部终端，这个过程就是渗透。如何在传统通路上渗透？一贯的实践观点是：销售问题只能在销售实践中解决，通路的问题只能在做通路的过程中理解。这里介绍对三个基本通路的实践、理解与解决的思路。

销售通路之一：博览会

博览会是长期流行的商品交易形式，具体名称可以是商品交易会、经贸洽谈会、展览会、展销会、订货会、购物节。通常冠以

点规模渗透的销售模式

"国际"之名。博览会之多如群星灿烂，像雨后春笋。一个企业，只要它曾经在博览会上露过脸，邀请函就会像雪片般飞来塞满它的信箱。新企业往往经不住博览会庄严隆重而又有几分神秘的诱惑，选择它作为产品走向市场的通路之一。

一些博览会是一个没有买方的市场

对于买方市场，企业早已习惯了，靠质量、价格、服务去竞争。如果根本没有买方，纵然有天大的本事该如何施展？纵然身怀绝技、武艺高强，没有对手该如之奈何？有些博览会正是这样，企业周密准备，精心策划，千里迢迢赴会，结果是战无对阵。

你不是要销售产品吗，但来的人都是要向你销售产品的人。广告商介绍他们的广告做得如何好；CI 设计商说他们成功地包装了哪些知名公司；包装商认定你的包装不行，包装成本要占商品价值的30％；印刷厂要为你重新印刷《产品介绍》；也有人为你的公关大计着想而展示他们的纪念品。更多的是有的放矢：你展销什么产品，他就向你介绍此种产品所需的原料、辅料、设备、工具等。

除了各类推销之外还能见到索要样品的专业人员。他们逐个展位地"洽谈"："我要去某国家，带个样品为你做宣传。""我朋友经营这个产品，带给他看看能否订货。"其名片身份通常是外贸公司之类。

博览会中最大的收获是邀请函。不断地有人把某博览会的邀请函塞进你的手中，介绍有多么大的规模，投入多少广告，邀请多少个国家等。除此之外还能收获什么？通过易货贸易换来其他展位的产品，这是"无奈的"参展者之间相互交换产品的易货贸易，像是货币还没有出现的时代。

博览会能够持续办下去的原因

这便需要从企业、商家、主办者三个角度去认识。从企业的角度看，首先，企业指望通过博览会结识大客户或大经销商，对博览会的认识受"广交会"（中国进出口商品交易会）的影响，还受媒介关于盛况和交易额的宣传的影响。其次，产品销售的压力与博览会的诱惑力相加使企业幻想可以宣传产品，拿到大额订单。最后，是一种赌博心态。参加了一次博览会花费了一笔钱心有不甘，被期望引导重整旗鼓，披挂上阵。

从商家的角度看，他们没有必要去参加博览会订货。在终端为王的时代，商场和门市对送上门的货还要挑挑拣拣。只要在批发市场有个摊位或在街上有个门市，自有产品找上门。他们的注意力是怎样把产品卖出去，对博览会很少问津。

从主办者的角度看，主办者想的是收展位费，全部招数都用在招展上。他们拉起大旗：某厅局、某协会、某商会、某报社、某杂志、某电视台，以示规模，以示档次，以阵声威，以添光辉。目的只有一个：收取展位费，多多益善。至于有没有客商，有多少人知道这个博览会，对主办者并不重要。

如何对待博览会这条通路

跟着博览会跑是不明智的，完全排除它也是不理智的。怎么办？要区别对待。有些博览会，比如广交会和上交会（中国（上海）国际技术进出口交易会），历史悠久，有影响力和认知度，可以参加。但是一般的博览会多是草台班子的行为——不管拉了多少旗。

重要的是，要注意博览会的演化变迁。其内涵已经悄然发生变化：招展对象主要不是厂家而是商家，内容不再是经贸洽谈而是商品零售；时间也不再是三五天，而是十天半个月；收费也不是上万元，而是一两千元。它的功能已经变成了不断变换主题的销售场。企业如果认识到它的内涵的变化就有文章可做。比如选择那些以商家零售为主的博览会或展销会进行直销，直接接触消费者，获得第一手资料的同时实现产品的集中销售，更重要的是在销售中营造气氛，吸引周围的商家。

销售通路之二：大商场

读懂大商场

大商场的经营方式不尽相同，它的柜台权属关系多种多样。与它打交道，首先要摸清它的运作模式。对企业而言，以下的事情通常会让你面临困难，即"不准进入"。越是大商场越是制定很高的门槛，目的是保证在那里销售的东西是正宗的，也让你付出很高的进入成本，接受它的规矩。比如规定销售金额，即在一定时间内必须销售多少，否则下架。

突出的特点

大商场最突出的特点是高价位，在这一点上它不同于超市。高价位首先源于很高的柜台成本。其次，它并不指望有很大的销售数量，必须靠单个商品的销售差价来补偿高昂的费用。最后，它面对的是有着特定消费观念的群体，是有着特定的消费等级或档次的顾客。也就是说，在这里购物的人，"功能价格比"的观念相对淡薄。

从商品本身看，在这里出售的东西，功能与价格的联系比较隐蔽，内在价值往往不是很直观而是比较含蓄的。

策略的选择

认识了这些特点，企业对待大商场的策略就应做如下考虑：如果你的产品单价不是很高、不能形成系列、包装不醒目、不能在几个季节都能销售、缺少有力的促销手段，租柜台是不可取的。如果把货交给大商场经销，阻止它卖高价是不可能的。

通过商场做销售主渠道，对于附加值较低的产品是不明智的，没有成气候的广告支持也是不会有批量走货之可能的。但是，完全排斥商场也不对。在集中销售的城市，在管理能跟得上的条件下，大商场同样并不失为一条通路，其重要性不在于销售的数量而在于它的两个作用：一是产品档次的定位；二是价格对比，对其他销售渠道而言，用彼之高来显此之低。难道这不是因对其特点的妙用而化腐朽为神奇吗？

销售通路之三：批发商

商品集散地

在全国范围内存在与大的行政区相对应，在经济意义上处于中心地位，相对专业和综合，规模巨大的批发市场。当你感叹它的巨大的吞吐能力和广阔的辐射范围时，会在多个市场寻找总经销或总代理，让你的产品来个遍地开花。如果一下子把战线拉得很长，其结果是销售管理的薄弱导致销售回款成了大问题，合作的不稳定成了头疼的事。

读懂批发商

想走批发市场的通路，先要懂得批发商的经营特点。每个身在大型批发市场的摊位业主的经营理念都是简单而明确的。一是零风险，决不轻易地拿钱进货以规避压货的风险。二是走货要有一定量的规模，看重的是几角钱的差价。三是避开竞争，在一个市场只接受独家经营。如果再加一个不成规则的习惯做法，那就是，如果看不到合作的前景就不再继续进货了。这样会导致最后一批货（也可能是首批货）不再与厂家结算，至少是不去主动结算。

关系的准则

大市场和大市场中的批发商是历史形成的商品通路，是商品集散、商家集聚的地方。走批发之路就必须从理解和这个存在出发去处理与批发商的关系。重要的是四点：一是结算方式。接受他们的铺货习惯，即先交给他们一批货，在接续下一批时结算上一批，这样循环下去。二是价格。既然走批发之路，在指导思想上就要树立以量取胜的观念。价格要尽可能地低，尤其是不能先高后低。因为你一降价，批发商那里的存货就贬值了，还会使批发商马上想到你的货不行了，动摇批发商合作的信心。三是要精心选择。同在一个市场发货的业主，有的做得时间长，经验丰富，经营得法，辐射面宽，在零售商中的信誉好，对厂家也讲究诚信。要通过考察选择这样的合作伙伴。四是必须加强管理，即在大市场集中的地方设专人管理，保持与批发商交往的频率及情感的交流。这对及时调整品种数量、反馈信息、及时结算是必要的。

这是集中渗透的三条传统通路，介绍这三条通路的目的，一是知己知彼。在实施渗透中，不仅要理解用户，还要理解通路。二是先干起来。一切问题在干中发现，在干中理解，在干中解决。

"点"是基础，"规模"是目的，"渗透"是策略。"点"决定了低成本；低成本决定了"渗透"的可行性；"渗透"决定了"规模"的实现和虹吸现象的发生。点规模渗透解决的是运转实现进而企业存活的大问题。

延伸思考

1.创业销售的特殊性是什么？

2.营销基础的基石和构件是什么？

3.什么是点规模渗透？

4.为什么终端铺货的规模能够产生虹吸效应？

5.如何理解点规模渗透的特殊功效？

6.设计一个实施点规模渗透的销售计划。

Entrepreneurship

第十二章

用规律审视失败的结论

第十二章
用规律审视失败的结论

第一章介绍了创业的基本规律：基本问题——魂与根，基本过程——项目、模拟与运转，基本矛盾——实践对 F 的需要与 F 生成滞后的矛盾。三个规律是审视失败的标准。用它去认识失败，既不是简单的"决策失误"，也不是"原因条目"的无尽罗列。在表象的背后是无魂之躯，无根之木，无序之举。

第一节　无魂之躯

基本矛盾和基本问题共同规定了创业的本质。本质是由事物基本方面的矛盾关系所规定的。创业这个事物的基本方面是创业者和项目，在他们的关系中创业者是主要方面，起主导作用。创业者的主导作用体现为实践历练而产生的能力。可见，创业者增长能力的实践就是创业的本质。实践的过程是在从小做起的艰苦磨炼中铸造灵魂资本的过程，创业的本质是"创业者能力的自我再造"。这就为理解失败找到了一个根据。

决策的作用

什么是决策呢？是人在与社会的关系中选择最佳的目标和行动方案的行为。通俗地说，就是对重大问题做出决定。

创业成功的套路是共同的，失败的原因却各有不同。企业的成长像人的成长一样是一个自然的历史过程。在这一过程中，影响它生死的因素非常之多，有些是很细密、微妙、偶然的，需要潜心体察。创业失败因素的多样性、复杂性、隐蔽性不是"决策失误"四个字所能概括的。把失败归结为决策失误，掩盖了深层原因，背离了创业基本规律。

有些失败与决策没有关系

基础原因

比如质量问题，这是一个相对概念，相对同类也相对自己；也是一个变动概念，对质量的提升是永远也画不了句号的永恒主题，这个问题不是决策能解决的。质量是企业全部活动的综合表现，它背后有诸如技术、工艺、管理等问题，是这些基础性的问题起着最终决定作用。再比如价格问题，也不是简单的决策能够解决的，因为价格的背后是成败的多种因素，解决它涉及许多问题，要天长日久的功夫。

偶然原因

办企业的相关因素太多。比方一些企业命断现金流，有现金流意识不强、控制不利的问题，有企业机体本身造血功能不强的问题，有突然发生重大事故甚至被骗的问题，也有掌管一个区域的销售主管跳槽、合伙人间闹分裂等问题。这些都不是决策问题。

外部原因

企业处在社会关系之中，外部原因可以在某个时空点上和一定条件下影响企业的生存。比如面对假冒伪劣产品的恶性竞争，企业在竞争中的相互指责，你说我的染发剂有铅，我说你的染发膏有汞。

消费者糊涂了，害怕了，无所适从了，干脆都不信了，也有的是偶然的质量故障砸了市场，这也很难归属于决策问题。

市场预测往往是不可靠的

如果决策的基础是不真实的，决策的依据是难以依据的，那么市场预测是没有意义的。

信息靠不住

市场预测靠什么？靠信息。信息来自哪里？来自各类媒介：企业资料、官方统计、各类报告、问卷调查、抽样调查和网络数据等。可靠吗？比如到处开幕的博览会、交易会公布的成交额是怎么来的？是会议接近结束时，主办者让工作人员逐个展位问："签了多少合同？金额多少？"答案是烦躁的参展人员随便说的。如果根据公布的数字判断市场、做出决策，不是很荒唐吗？

市场是变化的

比如在你进行预测的过程中，市场的供求关系已经发生了变化。当你对一个项目进行预测时，有多少人也在进行同样的预测？他们中就会有一部分加入供方市场。你可能知道一种产品大体的市场容量，又如何能知道正在出现的替代物品会改变需方市场？再比如进出口，影响它的因素就更多了。再比如，一个新技术产生一个新产品，形成一个新行业，造就一个新市场。比如蒸汽机、火车、铁路、钢铁、石油、汽车、计算机、互联网、手机等，这些产业的最初决策该依据哪个市场？遵循哪个程序？应用市场调查的哪个方法？

需求的心理性

心理活动像天上的云一样游移莫测，自己都难以把握。在经济学已经阐明的规律中，没有比价值规律更规律的了。而恰恰这个价值规律碰上了心理这个东西也会失灵。规律阐明：当价格上升，需求下降。但由于人们对价格继续上涨的心理预期，越涨越买。规律阐明：当价格下降，需求增加。同样是对价格继续下降的预期和忧患意识作用的结果，越降越不买。

计划经济在理论上有充分依据，在逻辑上是严密的。综合平衡那一套无可挑剔。这是利用国家的力量去平衡，但要计划一年也计划不出来。为什么？这是面对巨大、复杂、多样、变化的供求关系的无奈。如果市场可以通过技术方法预测，那么计划经济就是可行的，就不用市场来调节供求、配置资源。

女儿的结论

女儿问爸爸："你喜欢什么颜色？"爸爸回答："蓝色。"她问妈妈："你喜欢什么颜色？"妈妈回答："红色。"女儿得出结论：男人喜欢蓝色，女人喜欢红色。

企业具有影响市场的力量

"决策失误"经常是指没有正确认识企业与市场的关系。把市场看做一个外在的事物，企业对它唯有适应，适应了的决策就不失误，否则就失误。这样的认识并不完全正确。

市场是供求的统一

从古老的"惊险的跳跃"之说，到现代的"市场是1，其他都是0"，市场的决定作用被不断地强调，形成了思维的教条：市场成了企业的对立物，被独立化、对象化、外在化了。市场是买与卖关系的总和。供与求之间是相互影响、相互作用的。站在企业的角度，需求影响着供给，站在消费者的角度，供给影响着需求。统一体中双方的作用是相互的。

供给同样影响需求

需求的有无与大小受到供给方存在和作用程度的影响。供给的存在是需求产生的条件。从这个意义上可以说，供给的作用程度会影响需求，改变需求。企业能动作用的发挥不仅能够在空白处创造市场，还能在已经饱和的市场中分割一块市场。一切取决于能动作用的发挥。讲企业具有影响市场的能动力量的意思是：有市场还是没市场就看你干得怎么样。只要大方向正确，不仅仅在于你干什么，还在于你怎么干。质量、功能、成本、价格是基础，开拓市场的能力和销售方法的创新很重要。

影响力是不能决策的

产品对市场的影响力是创业者的能力，能力是不能决策的。市场是供与求相互影响的过程，是生产与消费互为因果的过程。过去、现在和未来都是这样。不能因为如今是买方市场，就无视供方的存在和作用。不能只相信"市场决定一切"就放弃自主的努力而听天由"市"。

许多新企业"英年早逝"，抱怨市场拱不动。直观上看是这样，但深究起来原因并不完全在市场。如果要具体分析，可能是技术不够成熟，可能是成本还没磨炼到份，可能是价格定位不对，可能是管理跟不上去，可能是入市的渠道还没找准，总之是功夫不到、火候不到。

有市场还是没市场？

有一个产品在推向市场后，销售成本大于销售收入，40家代销商大部分不回款。面对这个事实，许多人都认为："没市场。"

后来这个企业改变战略，集中搞北京一个市场且老板亲自坐镇。结果3万件库存两个多月销售一空。

由上述分析可得出这样的认识：用"决策失误"来概括企业失败的原因是简单化了。夸大决策的作用会导致创业者忽视自身能力的培养，忽视企业生长是自然的过程，忽视培育企业生命力是点点滴滴的功夫。面对创业的一路问题有决策问题。但是，它对企业发展的过程而言只是一部分。对影响创业生死的因素而言只是一个因素。更重要的是：即便是在正确的决策之后，怎么干更重要。

理性的迷惘

理性是科学的认识能力和思维能力。创业中的理性是创业者全面地认识、深刻地理解、有效地把握项目的能力；是对项目本身和相关信息的认识、判断、处理的能力。创业中的非理性有这样一些表现。

成功的祸患

老子说："民之从事，常于几成而败之。"这是说人们做事常常在接近成功的时候失败。历史上多少风流人物以其英雄史诗般的悲壮证明着"常于几成而败之"。当今有多少创业的风云人物曾鏖战商场，攻城略地，不乏气魄与韬略。曾几何时，感叹"其兴也勃焉，其亡也忽焉",痛惜功亏一篑,得而复失。追问何至如此?答曰:"得志猖狂,忘乎所以,理性丧失是也。"

何以丧失理性?成功使然——成功是失败之母。何以为母?一是不能真实地认识自己的成功。有的成功源于短缺经济、审批经济、权利经济或某种偶然。把由此而产生的成功看成是自己的本事,以为自己力大无比、无所不能而"骄兵必败"。二是成功后不再谨慎。迷恋以往的经验,不去研究新情况、新问题,而是放大和重复以往的套路。三是成功的兴奋刺激出更大的欲望,要更快更大,在亢奋中盲目操作。三条相加:成功导致理性的丧失。只有理性地对待成功,越是接近或已经成功越要冷静,才能如老子所言:"慎终如始,则无败事。"

偶像的效应

成功者的存在是一种影响力,这种影响力表现为声势、气势与氛围。"势"的存在反过来影响成功者的心态,强化着超凡脱俗的自我感觉。此种感觉一旦表现在语言上,尤其是面对公众时,不说出几句令人震惊、怪异的话,创造几句名言,怎能与名人的身份相称呢?诸如"不按牌理出牌",牌理不是游戏规则吗?从法律到商业道德都不遵守,那游戏还能进行吗?也有的成功者对自己成功的真正原因并不很清楚,也有的不愿意披露发迹真谛而编故事。

不论哪种名人名言,如果仅仅是表现一下也无妨。问题是人们崇拜名人,相信其经验,实践其教导,于是产生误导效应。非理性的蛊惑诱发了非理性的冲动,导致了非理性的投资实践。

投机的心态

投机是对机会的误读。机会是指两种事物碰到一起的意思，其特点是偶然性与意外性。谁和谁碰到一起？我们可以把商机看成是一种需要，尤其是那些刚刚显露迹象的潜在需要。它碰到的是人，是有准备、有能力、有资源储备、独具慧眼的人。机会永远向有准备的人招手。准备可能是多方面的，最重要的是能力。只要用心磨砺，方向正确，放眼未来，机会必定会出现。具有理性的机会观念的成功者并不刻意寻找商机，追求立竿见影的商业效果，而是脚踏实地地精心修炼。

那些把把握机会理解为像猫头鹰捉田鼠一样瞪大双眼、满世界搜寻猎物的人实际上怀着投机心态。有此种心态的人在创业中的表现为：一是急于发财。恨不得一夜暴富，浮躁的心绪表现为东奔西突的行为，用他们自己的话叫"什么来钱就干什么"。往往是跟在别人的屁股后面跑，也不管行业跨度有多大。他们不乏屡败屡战的执着，却不知道病根在哪里。二是目光短浅。干什么都是短期行为，不能立足长远进行战略布局，制订计划，分步实施。三是走邪路。在前两种心态的支配下打法律与道德的擦边球，为了眼皮底下的利益不惜因小失大，牺牲长远利益。虽然也可以赚到钱，结果注定是好景不长。

小农的观念

在大大小小的老板中间常常见到这些现象：有了钱就回家盖房子修祖坟；婚丧嫁娶极尽铺张之能事；粗壮的金链子在脖子上闪光，与劳力士手表交相辉映；举手投足、言谈话语不加掩饰地张狂；在大庭广众之下拿着手机大呼小叫。他们在企业的经营中粗暴独断，

"武大郎开店"不愿吸纳高手，没有骨干队伍。有的则是小富即安。

凡此种种可以归结到人的素质，是素质范畴中的价值观，称之为小农的观念。它根植于神州大地的农耕文化。长期贫穷的中国人一旦有了致富的空间，小农意识便有了此种变态表现。它是商品经济刚刚兴起时的一种必然。随着时光的流逝，此种观念连同其人、其企业都在被淘汰之列。

通病的发作

亚当·斯密说："大多数人对于自己的才能总是过于自负。这是历来哲学家和道德家所说的一种由来已久的人类通病……每一个人对得利的机会都或多或少地作了过高的评价，而大多数人对损失的机会则作了过低的评价。"简言之，人类高估自己幸运和得利的机会，低估自己不幸和损失的机会是人性的弱点，一旦碰上创业就可能会发作。这个通病的存在能够解释许多现象。

彩票业之所以自古有之且日益光大，其存在的基础正是人们高估得利的机会。财产保险的保费很低，多数人不愿意投保是因为轻视危险。走私盗窃犯罪惩治不绝，是因为他们相信可以逃避刑罚。算卦占卜者无处不在，是因为人们希望自己能有好运被算出来。全世界各种文化背景下都有人相信特异功能，是因为人们愿意相信奇迹或超自然力量的存在。

泡沫的追逐

经济中的泡沫是指某种产品的市场价格数倍地超过其价值和有货币支付能力的需求。比如，一株价值10元的草卖30万元，其中的299 990元就是泡沫。这不是灵芝仙草而是君子兰。从那时起，泡沫就伴随改革此起彼伏。既然是泡沫终究要破灭，随泡沫灭掉的是多少人的发财梦和投资者的血汗钱！

你想要一幢楼房吗？去海南吧。那里闲置的楼房比椰子树还多。你可以选定一幢房宣称是你的，没人提出异议。你要买一套房吗？提醒你先读一尺厚的文件，才可能梳理出该楼从立项至今的沿革过程和产权归属。这就是当年房地产热留下的坚硬泡沫，使人想起五大专业银行像台风一样飞临海南，资金如暴雨股落到这个没有冬天的海岛，创造了50年也消化不掉的泡沫标本。如今，这钢筋水泥构建的海滨森林，静静地遥望海峡对面那片广博的土地，仿佛看见了多少人仍然在精心地制造泡沫，鼓吹之、追逐之。

泡沫告诉我们：什么是什么就是什么，而不是别的什么。价格永远受制于有货币支付能力的需求和与其有效功能相联系的价值内涵。追逐泡沫是在创业观念上的非理性表现。

第二节　无根之木

柳宗元的《种树郭橐驼传》中讲郭橐驼很会种树。他种的树成活率高，枝叶繁茂，果实满树，熟得也早。别人向他请教，他告诉人家："顺木之天，以致其性。"意思是：要尊重树木的本性，按照树木自身生长的要求来种树，关键是根。郭氏种树特别注意根要舒展开来。为此，树要种得正，土要故土，添土不能太松也不能太紧。

第十二章

用规律审视失败的结论

预埋的种子

老子讲"无"生"有","有"生万物。万物归根结底生于"无"。看不见的"无"包含了"有"的基因。这个基因在创业初始已经深藏着，决定着项目运作的结果。成功的项目是有一个好的基因被预置了，失败的项目是没有预置好的基因，甚至没有基因，是无根的项目。

贸然闯进一个陌生的领域

有句话叫"隔行如隔山"，此山看彼山云雾缭绕，山色空蒙。哪里有什么虎豹豺狼、断崖峭壁？行道是行业之道。道者，门道窍门、行业密码或矛盾的特殊性。

行业之道在《孙子兵法》中叫做"彼"。"知彼"乃胜之先决条件。许多企业"出师未捷身先死"，并不是潜心研究"彼"，也不细心分析项目的内在构成以寻找核心优势，不深入了解目标客户的状况以深刻理解其需求，仅凭一个灵感、一次报告、一套资料、一种专利、一份报纸、一本杂志、一条信息、一个想法，于是乎一股激情、一腔热血。结果呢？还未弄清山高水远就一败涂地了。

技术的先进及其成熟程度

产品即项目都有技术含量问题。创业者失败于技术通常有四个方面：先进与否、成熟与否、能否转化、能否控制。对技术先进性的了解，要到生活在这个圈内的专家中去。先进的东西未必是成熟的，成熟意味着与关键技术相关的问题也要一并解决才行。对技术还有消化问题，能否转化为产品的功能还需要处理好工艺合理、工具专有、工人熟练和材料合理等问题，只有这些问题都解决了，技术才能够变成效益。再好的技术如果你不能控制，等于把产品的生死交给了别人。

四个问题有一个解决得不好就很危险。许多企业不同程度都有此类经历。生产能力形成了，销售摊子铺开后发现技术有问题。当然，技术问题总是有的，改进完善永远伴随产品的成长。但是，如果是致命的技术缺陷就麻烦了。把产销系统停下来回头解决技术问题吗？技术问题的解决不是一时半刻的事情，许多企业在这样的技术回炉中死掉了。

选择了夕阳或无优势项目

太多的企业赶上了行业改朝换代，与行业一起随风飘去。这会使人警觉，创业之初不仅要关注自己钟情的项目，还要关注该项目所在的行业背景。

有些项目虽不属于"夕阳"行业，但一有风吹草动也是"尸横遍野"。究其原因，是因为没有自己的核心资源，缺少"自立于世界民族之林"的根基。尤其是在没有"门槛"或"门槛"很低的领域，需要有独到之处，要拥有某一方面或某一点优势。没有优势就创造、寻找、培育、积累、借助优势，不能什么都没有就"冷启动"。

单纯依赖或依附一个市场

企业的产品如果只有一个端口、一条路径，生命力就极其脆弱。比方与大型企业配套，可能是利用它的副产品或"三废"，也可能为它提供备用品和配件。这样的企业，要创造与掌握属于自己的核心优势，能够把某一个点做得最好最专业，而不是把自己存活的基础完全放在对某个实体或某个机构的依赖上，这样，失去了作为一个商品生产经营者必须具有的经营自主权，企业生存在风雨飘摇之中，迟早会出问题。

还有一种此起彼伏的现象：相信包买商或政府包销的承诺。如县长召开三级干部会议号召养兔子，兔子公司经理保证按保护价收购。于是划地、筹资、建兔舍大养其兔。到了兔子兔孙上窜下跳时，养兔人却愁肠百结——没人收购。产品的出路是项目的生命，这命岂能抓在别人手里。

追溯创业初始的组织隐患

创业是一个团体行为。团体内的纷争常常出现在面临危机和有了盈利的时候。此种现象的根源却应该追溯到创业初期潜伏的组织隐患。其一，缺少一个核心人物。组织上与精神上的核心对初创时期是必要的。其二，团队只是集合了精英。团队只能在商海的千锤百炼中逐渐形成。团队是多种功能形成的结构体，不能刻意追求多少博士、多少 MBA，12 个将军组成一个班不能打仗。其三，利益关系的暧昧。制度与人性不可偏废。制度化规范合伙人与股东的利益，在这个基础上才是情感的沟通，情感与目标在公司价值、盈利前景模糊的创业初期更为重要。

规模的失当

规模的失当导致创业失败通常不易被人察觉，因为规模是投资的总体存在，对失败的作用不直接，但它却是一个巨大的隐性因素。

不自觉地放大规模

本能的愿望

创业者本能地具有把企业做大的企盼，在起始表现为尽其能力追求高起点。希望一开始就有一定的规模，尽快搞定生产经营的一切基本条件。其心路变化有点像装修自家的房子，一旦干起来就几乎抗拒不住高档的诱惑，在进行中追求尽善尽美。正是由于此种做大的愿望的驱动，创业者不自觉地被自己造就的一种"势"所推动着，把规模放大了。

颠覆的作用

不适当地扩大规模，其颠覆作用发生在两个致命处：一是把创业者的能力——应该在实践中逐渐增长的能力——过早地推到了极限，由此发生混乱与失控。二是把资金的链条——应该是宽松有余——拉紧再拉紧，以至于完全没有松动的余地，一旦绷断则创业的过程就中断了。

什么是适当的规模

规模的适当是相对的，它相对于什么呢？

行业种类

业种的特点像动物的遗传基因带有先天的自然属性。比如鲜花店、网吧、美容院、食杂店、小超市、足底按摩店等，它们的发展由周边辐射的居民数量决定，怎么可能做大呢？连锁企业则另当别论。相反，做农业种植养殖，没有一定规模就很难盈利。

市场容量

企业规模要与市场需求量相适应。有的产品价值小、重量大，利润会被运费吃掉。也有的产品受保质时间限制，不宜开拓远方市场。这两类产品受产地市场的容量限制，进而就决定了企业的规模。小微型企业的产品与市场总量没有直接关系，与开拓市场的能力有直接关系。你是否拥有这种能力同样决定着产品的数量进而决定着企业的规模。鉴于产品制造相对容易，而销售相对困难，规模设定相对具有主观性，而市场容量及其开拓相对具有客观性，那么，规模的设计只能是容易的服从困难的、主观的服从客观的。

流动资金

流动资金的数量与规模成正比例关系。流动资金的供给必须持续到良性循环的那个时点：销售收入开始持续进账，这时，运转耗费才开始得以补偿。在此之前，资金不停顿地投入且不能中断。如果资金准备不能维持到这一天，项目就会夭折。在这一过程中，销售收入的时滞是必须考虑的问题，即产品卖出去与货款收回来中间通常有一段时间。总之，"运转时点"与"销售时滞"决定了资金的供给数量。投资规模则要与可供资金数量相适应。

管理能力

管理能力是在创业的过程中形成的。比如规章制度的建立是容易的，是否客观反映企业的实际，决定着制度能否有效地实行。比如管理费用哪些绝对不可以发生，哪些要控制，控制到什么程度，如何控制等，都只能在实际操作中做出规定。既然能力是在实践过程中逐渐产生的，规模就要与管理能力的生成过程相适应，否则便将败于管理。

第三节 无序之举

创业是以项目选择为起点，以企业诞生为终点的过程。过程是由发展中的特征差异显现的三个阶段，差异是由阶段的目标不同和要解决的问题不同而相互区别的。三个阶段先后承接、环环相扣、不可逾越、不能颠倒、无法缺省。

揭示创业的过程是告诉创业者先干什么，再干什么，后干什么。要干的"什么"就是由阶段目标规定的所要解决的问题。问题的解决是阶段目标的达成，是顺序进入下个阶段的条件。

速度的力量

创业的基本过程是不能违背的规律。对过程的无意识的最普遍的表现是追求"快"，"快"的观念导致"快"的实践，使得解决基本矛盾的时间与空间条件——实践的条件不复存在。仅仅是"快"，使创业必然地在追求所谓的"超越"和"飞速"中，"超越"了规律而"飞速"死掉。

快，中国人的情结

一切美好的东西都同"快"联系着：人——快人快语，乘龙快婿；事物——快刀、快马；心情——愉快、爽快、快乐；感受——快意、快感、快慰；行为——眼明手快、快刀斩乱麻、大干快上、快马加鞭、多快好省。甚至"快"要是碰上"痛"就不痛而"痛快"了，碰上"凉"就不"凉"而"凉快"了。"快"字伴随人的成长，移植到思想、渗透到骨髓而形成了稳定的观念，表现在社会生活的方方面面：创造思想的人都喜欢做"快"的文章。读书写字、学外语要速成。制药、卖药要宣传速效。公路要高速，铁路要提速，咖啡要速溶，邮政要快递，吃饭要快餐。

快，未必是好事

并不是任何事情都快就好。英国著名战略家利德尔·哈特说过一句话："战略上，通过漫长迂回的道路往往是达到目的的最短之路。"凡是与思维活动有关的事都不能快。比如记忆，快不起来。如果刻意求快，结果是欲速则不达。比如读书，快速浏览只能是检索。读书只能是专心平和地慢慢品味，一个字一句话地咀嚼，才能读懂，才能体会，才能与作者交流。若花上几年时间读几本经典，想问题、谈话、写字就不一样了。比如写东西更不能快，要平心静气，把问题想透理顺，表达清楚简洁。马克思一辈子只写了一本书——到死也没写完。

快，失去了发展目的

快速发展的企业是有的。但是，快的背后是形形色色、真真假假。有真快与假快、有实快与虚快、有稳快与躁快、有长快与短快。这需要一个标准来判断。标准只能是利润，它是企业要素质量、行为过程和发展目标的综合体现。

资本扩张的速度。有一个百人的企业兼并了千人的国企，拆了厂房建楼房，卖了楼房交千余人的养老保险，再偿还几千万元的银行贷款。资本还能剩多少？这样的速度有何意义？创业的务实观念体现在做强不求大，做稳不求快。

广告炸出的速度。强势媒体在短期内制造企业知名度有作用，表现为销售额提升。而巨额广告成本吃掉了大部分盈利。如某制药企业，销售收入 44 亿元，净利润不到 1 亿元。显然，靠广告"炸"

出来的知名度并不长久也不真实，与靠天长日久、深入人心的品牌相比像流星一闪。同时，光有热闹——销售额，没有实惠——利润。一旦广告停止，销售额就下来了。接着就"忽喇喇似大厦倾，昏惨惨似灯将尽"。

市场份额的速度。靠价格战取得市场份额，通过大幅度降价达到抬高门槛、清理门户的目的，进而大面积地扩大市场份额，这些都是竞争的手段。使用这种手段的目的是着眼于未来，而对目前及今后一个时期而言则是一种牺牲，不能理解为速度。

快，企业的墓志铭

只要认真观察，能够感受到、看到、听到真真切切的事实："快必死！"投资创业、产品制造、市场营销万万快不得、急不得。不仅在指导思想上，而且在程序上、方法上都一样。

那些一度风光的企业——枯萎的三株、折翅的飞龙、趴下的巨人、醉倒的秦池、落山的太阳神、多病的爱多，还有从南到北被乙烯拖垮的大型企业一夜垮塌。究其死因——心跳过快猝死的，头脑发热烧死的，流血过多惨死的，疲惫过度累死的，负担过重压死的，子孙满堂拖死的，神经紊乱疯死的，支撑不下安乐死的——都是在追求速度中死去的。

快，是有条件的

真正能够以较快速度持续发展的企业很少，往往是伴随着基础理论的重大突破，并转化为可以应用的技术和适应了市场的持续需求，加上一定的实力储备和得力的运作，还有长时间对核心技术的占有而获取垄断利润。几种重大因素在一个时空点的集合才得以创造持续的高速度。这不具有普遍意义，是不能克隆、复制、盗版和移植的。也不能抽象出一种理论，概括成一种模式，演绎为一种方法以指导创业实践。这就是为什么世界500强企业在2000—2010年的平均增长速度是2%的原因。

快的"辉煌"

有一个创业企业，从立项到形成规模生产能力仅仅用了三个月时间：项目的考察，技术的引进，厂房的选用，设备的安装，水电的配置，自动化控制，商标的设计，包装物的加工，原材料的采购、运输和储备，产品的宣传，等等。三个月呀！真是个奇迹！老板站在厂区的最高处，看着忙碌的人群，计算着滚滚而来的利润，领袖的感觉油然而生——"我创造了快的奇迹"。

结果是一片混乱。正当他沉浸在骄傲的亢奋中，问题接踵而来：原料运力不够；成品属易燃物铁路不给运；标准设备灌装机不能使用；控制室离反应釜的距离不符合安全要求；等等。最严重的是产品质量问题，电话里一次又一次地传来几家大客户老总的责骂声！

是配方问题，是原料问题，是反应温度问题，还是……不论是什么原因，装置要停下来，货要拉回来。而庞大的固定费用却要支付着，资金像漏水的缸只出不进。产品质量、技术指标问题还未弄出个眉目，土地纠纷又冒了出来；同时发现工厂距城市太远，管理极不方便，等等。

问题接踵联袂、此起彼伏。结果，这个老板就在这忙乱与无奈中放弃了。

求快的后果

断裂发展过程

"治大国若烹小鲜"，老子这句话是对管理国家的比喻。要把小虾小鱼烹得好不能用急火、暴火，只能用温火、文火。这样才能熟而不烂，鲜而不生。这就是治理国家的适度渐进原则。同理，"合抱之木，生于毫末；九层之台，起于累土；千里之行，始于足下。"这段话为人们熟知。接下来的两句，则是对违背这一道理的结果下了不容分说的结论："为者败之，执者失之。"违反了这些道理的人必然失败，执迷不悟的人必定失足。

企业的成长同人一样，任何过程的跳跃与阶段的缺省，都会埋下隐患，导致脆弱生命的夭折。我们只能朝着目标努力地、积极地、一件一件地去做。任何急切焦躁都于事无补。只要我们把创业理解成养孩子，看似简单、不新潮、不现代，可它却抓住了观念的纲领。只要根据这个理解去做，纷乱的思维就会有了头绪。企业的发育成长有其自身的自然的过程。任何拔苗助长都会导致死亡。

打乱系统平衡

企业行为是这样的，它全部活动的结果是销售收入。这个结果是由若干个单元，在相互联系与制约中，在系统的平衡运动中产生的。每个子系统的存在都有其各自的条件。快与慢只能是整个系统协调运动的结果，任何其中一部分的加快，都不能导致其他部分的自然跟进，相反会造成系统的混乱。比如管理制度是驾驭其他单元的操作软件，它应该怎样产生呢？一套合理实用的管理制度不是一朝一夕能够产生的。王永庆有句名言，即"点点滴滴"。在管理上点点滴滴追求合理化，再清楚不过地说明了管理制度的合理化是一个长期的事情。如果你套用一套制度，或组织一个班子花几天搞出一套制度，而不是从企业的实际出发慢慢形成，那么，系统的混乱比你想象的还要快。

再比如一个市场营销计划，即便是一个有经验的制定者，在实施中也会碰到许多不曾预料的事，甚至全盘推翻的事也是常有的。如果在执行中走得过快，就会与系统不能协调。碰撞的是财务预算、现金流量和原有的销售管理制度，产品背后的开发系统对新市场特点的适应，还有现有工艺技术对市场细分的要求，进而牵动采购系统等等，这些都会直接动摇系统的平衡。如果在执行中走得过快，对预料不到的问题在应对和处理上就没有回旋的余地，在失去协调时陷入忙乱中，最终丧失了掌握系统的主动权。

破坏生存基础

把企业做大的强烈愿望一旦遇到诱人的项目就会燃烧起来，想象中的市场期望值萦绕脑际，一次又一次地徘徊撞击，一个发展的决策就会产生。发展的愿望毋庸置疑，项目本身的可行与否存而不论。问题出在新的目标与原有业务的关系上。

在实施新目标的过程中，管理者对原有业务的注意力可能会减弱；一定会从母体身上抽血；适应原有业务的管理制度与新项目很可能不兼容；新项目的盈利时间与原有业务的获取收益的时间也可能会有时间差。不论上面哪种情况出现，都会破坏企业的基础：以之为生计的核心业务。一旦老鸡不再下蛋，新鸡又不会生蛋，企业就该完蛋了。

产生两个风险

任何新的项目和新的领域都会有风险，风险通常来自两个方面：市场的不确定性和掌握新的运作所必需的能力。前者会在前进中逐渐变得清晰，后者也会在摸索中逐渐获得。只有当冰山浮出水面，又有了可以把握的底数，方可最后下决心。这时，胆子大一点、步子快一点是可以的。

不是绝对地反对快，有时为了抓住机会，冲一下，抢占制高点是必要的。这时需要头脑清醒，在达到制高点的过程中，只能像老鼠出洞一样充满机警；像高明的战略家一样先考虑不要被敌人打败，在取得阶段性成果时要及时地修补破损，巩固基础。

快与生存、稳定、协调、平衡、发展的关系，先人们早有认识，如荀子的"人有快则法度坏"与老子的"其安易持"。两人从正反两个方面说了一个道理：肆意地快只会欲速则不达，会破坏秩序，招致恶果。只有稳定的东西才能存在，才能持久。这个道理同样适用于创业。

进言"大手笔"

快速发展的最直接途径往往是兼并，这不失为低成本扩张的路子。但快了会适得其反，有些企业把自己消失在兼并中。

一家啤酒厂一年吞下了40家啤酒厂，真的是大手笔。感叹之余会让人想到：怎么管理？40个"山大王"但凡有活路就不会让你兼并。既然如此，兼并就不会仅仅是换个名字贴个商标的事。独当一面的大将有40个，垂直领导模式是1：40，这是不可思议的！要么加一层——设4个中央分局。

创业基本问题的魂与根，基本过程的选项—模拟—运转，基本矛盾的目标对 F 的需要与 F 生成滞后这三个规律，为理解失败提供了理论根据，解释了创业失败的共同的和基本的原因，得出了一系列正确的结论，指出了避免失败的正确道路——积极、理性而从容的实践。

延伸思考

1. 如何理解"市场预测不可靠"这个观点？

2. 企业影响市场的能动作用表现在哪里？

3. 创业者"理性的迷茫"有哪些表现？

4. 举例说明创业的结果与"预先埋下的种子"的关系。

5. 历数你知道的追逐泡沫的创业项目。

6. 复述创业快不得的理由。

Entrepreneurship

第十三章

理论的升华

在经济学说史上，基础理论主要研究社会经济现象，宏观经济学研究国家怎样管理经济，微观经济学研究与企业相关的经济学。企业从哪里来这个问题从来就没有人研究过。近些年西方学者从管理学的角度，开始用管理学的思维研究创业。

经济学研究中的投资

经济学作为一门独立成体系的学科产生于 230 多年前。以 1776年英国人亚当·斯密的《国富论》的出版为标志。在这 200 多年的时间里，经济学的研究者写下了大量的著述。人们根据这些理论的特点，将其高度概括为宏观经济学和微观经济学两个部分。大体上以马歇尔的"均衡价格论"和凯恩斯 1936 年出版的《就业、利息和货币通论》为分界。这种划分基本上反映了经济学发展的大的历史进程与研究对象的差别。

对以往经济学的概括

以往的经济学在创业投资上一片空白。从研究范围来讲，微观经济学侧重家庭和企业的行为和交易，宏观经济学侧重整体经济现象。从研究对象来讲，微观经济学在对经济过程进行系统描述的同时，以实体经济为对象，宏观经济学则以货币等符号经济为对象。从分析问题的角度和着力点来讲，微观经济学主要进行定性分析，回答经济现象的来源和本质及相互关系，宏观经济学则对经济活动和概念进行量化分析，提供经济政策，运用数学模型。从研究方法来看，微观经济学完全依据经济事实来阐述规律、说明联系，宏观经济学则引进主观因素，从人性和心理因素分析经济现象。从对待资源方面来看，微观经济学涉及资源配置，宏观经济学注重资源利用。

不论是宏观经济学还是微观经济学，都没有专门研究个人或民间的创业投资。宏观经济学以国家这个整体为对象。微观经济学对经济的考察以经济或企业的存在作为既定条件。即使是微观经济学的近邻学科管理学，也是以管理的对象即企业的存在为前提的。经济好比人体，单个的企业就是经济的细胞，细胞是怎样产生的呢？它产生的条件、过程是什么？它的产生有没有内在规律？经济学中没有哪个学科、哪个分支或哪个流派研究过这个问题。

微观经济学的投资研究

微观经济学研究资本性质，经常谈论的是资本，很少使用投资概念，几乎没有创业概念。比如：资本本质是什么？是投入再生产中用以获得利润的那部分财富，是一种社会生产关系。资本来源在哪里？来源于勤劳节俭，来源于血腥暴力。资本与财富的关系是怎样的？扩大再生产，用资本推动劳动以增加财富。资本怎样构成？资本分为不变资本和可变资本，其价值转移是一次或多次的。资本是如何运动的？在过程中表现为不同阶段和形态，进而资本周转速度与资本使用数量相关。

微观经济学在研究价值、分配、生产要素、再生产等经济范畴时也涉及资本，但很少讲投资，从未谈创业。

宏观经济学的投资研究

宏观经济学以整个国民经济为考察对象，不涉及单个经济体产生的问题，它站在国家的角度研究投资：在经济行为的相互作用中，在国家宏观政策的相互关系中研究投资。比如：

投资与 GDP。投资与 GDP 这两个变量是相关的，高投资引起高增长。为了提高未来生产率就要把更多现期资源投资于资本的生产，把 GDP 的相当部分用于投资。

投资与储蓄。资源是稀缺的，要把更多资源用于资本的生产，必须减少现期物品与劳务的消费，把更多的现期收入储蓄起来。政府可以多方影响和鼓励储蓄以影响投资。

投资与金融体系。金融体系联结投资与储蓄，使一部分人的储蓄与另一部分人的投资相匹配。金融体系通过其中介机构（银行和基金）、金融市场（债券和股票）共同协调投资与储蓄。

投资与利率。利率用来调整资金供求平衡的价格。利率提高，可贷资本需求下降，同时可贷资本供给上升。利率保证了那些想储蓄的人的资金供给与那些想投资的人的资金需求之间的平衡。

投资与税收。税收优惠能激励企业投资，改变资金需求，结果利率上升而储蓄更多。修改税法如降低所得税税率会鼓励更多储蓄，使利率下降和投资增加。

投资与财政政策。经济萎缩是因为有效需求不足，刺激或扩大需求的办法之一是政府投资，通过发行国债转化为投资，刺激需求进而刺激投资。

投资与赤字预算。储蓄中有公共储蓄，赤字代表这部分储蓄的减少，即这部分钱用于消费了。它一方面刺激需求，另一方面可能影响利率上升，挤出投资，降低经济增长率。

投资与通货的胀与缩。通货膨胀是向货币持有者征税，侵蚀货币价值。货币购买力的提高和购物置业的心理会促进投资。通货紧缩使货币持有者赚钱，使债务利润等不真实，使人们不愿投资。

检索得出的基本结论

上述对经济学在投资问题上点到为止的检索证明：微观经济学或 19 世纪 30 年代以前的经济学，仅仅是在对资本性质的研究上涉及了投资。宏观经济学以国家为对象，分析投资与其他经济行为和经济政策的相互影响。没有涉及个体投资问题，更没有提及创业。

比方说，投资是一个鸡蛋，面对它，微观经济学家告诉我们它是什么，宏观经济学家介绍它与牛奶、大米的关系，而创业投资理论应该讲清楚它是怎样变成小鸡的。

美国创业思想的发展

美国学者较早萌发了创业学的学科意识，以美国为代表的西方创业学起源于迈尔斯·梅斯教授，他在 1947 年哈佛商学院开设的小企业管理课程，被美国学界认为是开创了创业教育的先河。经过 30 余年的发展，百森商学院的杰弗里·蒂蒙斯教授的《创业学》成为美国创业思想的集大成之作，影响和推动了美国乃至全球的创业教育。

三个需要明确的问题

对于创业学的学科建设而言，以杰弗里·蒂蒙斯为代表的美国创业思想存在三个突出的需要明确的问题。

一是从未提出和确定创业学独立的研究对象。没有对象也就没有学科边界，没有边界就无以规范学科内容，从而整合了已经存在的多种学科，得出了"创业没有自己的规律"的结论。

二是始终未能区别创造企业与管理企业的不同。从学科产生到发展都是以管理学为基础。用管理学的思维理解创业，从管理学的角度阐释创业，把创业作为管理学的一个种类或途径。

三是与创业相关的内容是以融资为核心。融资构成了创业学的大部分内容，得出了"创业就是融资"，"创业主体是职业金融机构"的结论，把融资作为创业行为首要和主要的事情。

管理学替代创业学

美国创业学的思想来源以管理学为基础。这与缺少创业的真实体验有关，未能意识到"创造企业"和"管理企业"是企业发生与发展的两个不同阶段，是有着各自特殊规律的不同研究领域，忽略了管理是以企业的存在为前提。只有一个发挥功能的系统，才有企业组织、计划、协调、控制、指挥。而创业的"业"还没有或在创造之中，管理的前提——"企业存在"还不存在。

由于把管理学作为思想来源，而未能把"创造企业的真实过程"作为独立的研究对象，决定了把"多种学科的整合"作为自始至终的、反复强调的研究方法。这是从学科到学科的研究方法，形成了以多个学科板块或"模块"组合的创业学基本内容。

创业以融资为中心

面对创业这个题目，美国学者们习惯性地沿用经济学的"生产要素"的思维，首先想到的是创业需要什么要素或资源。在列举了

335

若干要素后，发现这些要素都是钱可以买来的，便把创业的核心问题归结为资金，得出了"创业就是融资，融资就是创业"，"只要融到资金，企业就高速发展"的结论。

到哪里去融资呢？自然是职业金融机构——风投、天使和基金。如何得到它们的资金呢？写计划书满足投资人对项目的需要：表述商机如何、团队如何等。由于融资主体不能是自然人，因而就要讲如何注册或创办新企业。

融资中心说的思维逻辑见图13—1。

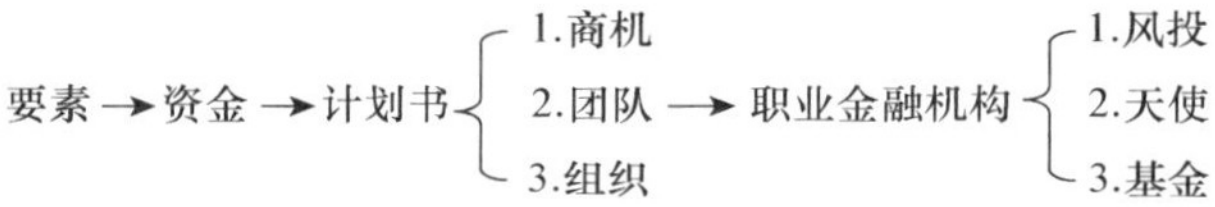

要素 → 资金 → 计划书 { 1.商机 2.团队 → 职业金融机构 { 1.风投 2.天使 3.基金 } 3.组织 }

图13—1　融资中心说的思维逻辑

"融资中心说"形成了六部分内容：要素（资源）；资金（融资）；计划书；商机；团队；组织（创办新企业）。这六部分内容与"企业管理"一起成为美国创业学的主要构成内容，产生了影响中国创业教育的基本内容。

可见，美国发达的经济产生了主流经济学，中国民众的创业实践产生了科学、完整与实用的创业思想。

中国创业思想的产生

中国创业思想的产生大体上经历了三个阶段。

第十三章
理论的升华

萌芽阶段

改革开放使中国确立了市场经济的发展道路，市场经济的合理为个体利益的实现创造了制度条件。它与人性的解放相结合引爆了中国人的致富热情，民众创业活动风起云涌，成为中国大地上最突出的社会现象和中国人民最普遍的经济生活。

20世纪的后10年，在明确了建立市场经济制度的改革目标和确立民营经济合法地位的社会背景下，与民众创业实践相联系的创业思想开始萌芽。其表现形式，一是成功人士的经历经验。通常是那些较早投身创业的人心路历程的自诉：创业初始的矛盾与纠结，创业历程中面对体制与政策约束的无奈与挣扎，还有面对创业一路困难的坚持与探索等。二是精英人物的理性感悟。把自己的感悟提炼为经验，把经验概括为观念，包括了冲破旧体制、旧观念的勇气，适应市场经济与效益原则的创造性做法等。三是创业明星的思想火花。表达成功人士对创业的体验与灵感，有达到哲学层次的经典感言，有对创业者的指导、启发和警示。四是与成功学联系的案例。与世纪之交风行的成功学相联系，大量的创业故事把成功与创业联系在一起，激励青年走创业之路。

这些思想火花，虽然只是与时代特点相联系的、经验性的、案例性的、散点性的，却具有接近创业规律的思想价值。它们在影响更多的人走上创业道路的同时，证明着基于创业实践的创业思想开始萌芽。

引进阶段

与市场经济及工厂制度的发源直接相关，经济学与管理学产生在西方，由于美国的经济发达，主流经济学产生在美国。中国学者从 19 世纪末开始至今，把来自西方特别是美国的学说视为正宗源流，把引进与传播西方经济学与管理学来解释市场经济作为己任。

进入 21 世纪以来，伴随改革的深入和政府对创业的重视、支持和引导，以青年人为主体的大众创业活动更加持续和广泛，产生了对创业思想的需求。学者与政府自然首先把目光投向西方，研究国外的创业学说，引进国外的创业教育项目。首先接受了杰弗里·蒂蒙斯的《创业学》和"SYB"、"KAB"两个相同的教育项目，中国学者尤其是受到了其"多种学科整合"的内容和"整合多种学科"的研究方法的影响，在三个方面编辑、选择和拓展研究的内容。

首先是管理学的内容。研究者根据自己对创业的理解，把管理学中看上去与创业有关、在感觉上更接近创业实际的内容重新选择和编排，冠以创业的名义叫做"创业管理"，忽略了管理是以企业的存在为前提的。

大型国际创业研讨会

某大学举办"创业研究与教育国际研讨会"。大会发言的主题是：企业管理研究透析；中国企业发展指数；企业的创新战略；公司效绩的影响因素；高科技公司的价值链经营等。话题的共同前提是已经存在的企业的管理问题。

"KAB"实战模块序言

"KAB"实战模块的内容是模拟已经存在的企业的业务，按母版

第十三章

理论的升华

公司业务流程设立，提高管理能力；涉及企业经营过程中的主要工作。这些都是已经存在的企业的业务问题，忽略了"创业"的话语基础是企业尚未存在。

其次是关注创业相关问题的研究，把可能与创业有联系的东西作为研究对象与内容，包括创业与经济增长、就业、创新、职业生涯的关系；冒险创业与理性创业，社会创业与个人创业的差别；主动创业与被动创业的差异；创业者年龄、性别和受教育程度对创业的影响；创业的类型，如生存型与发展型等。还有的学者把需求层次论、成人记忆法、自主意识的识别作为创业的基础理论来研究。

最后是深入研究创业的概念。创业的定义包括创业特征、创业类型、创业起点、创业规模、创业内涵、创业外延、个人与企业的关系等。创业者的定义包括创业者的动机、潜力、素质、特征等。创业概念的延伸包括企业定义、企业含义、企业种类、人在企业中的作用、六种语言解释创业的差异等。此外，还有思辨性研究：创业是思维方式还是行为方式？创业的要素数量是三个还是四个？

独创阶段

美国发达的经济催生了主流经济学，中国民众的创业实践产生了创业学。正如主流经济学不能解决大萧条而产生凯恩斯主义一样，美国学者写下了一些与创造企业的真实没有直接关系的东西，更迫切需要科学、完整与实用的创业学思想体系的建立。中国人民在人类历史上空前广泛与持续的创业实践，在推动中国经济持续增长的同时，为中国创业学的研究提供了得天独厚的宝贵资源，使得中国创业学得以产生。它以 2004 年诞生的以探索创业规律为主旨的原创著作《民富论》为起点，使得中国人独立创造的创业思想一开始就根植于实践的土壤之中。这个学说的创立者，是有着深厚经济学背景的创业的亲历者，是创业实践者与研究者的统一。

作为实践者，1989年前他是大学老师。由于对经济学的实用价值和理论研究成果的社会功效的怀疑，为体验市场经济和物质资料生产活动的强烈愿望而投身商海，开始了白手起家的创业历程，历经了屡战屡败的艰苦磨砺，成功创建了三个实体企业和一个创业智库。创业是一路的问题、困难和矛盾，因此要一路抉择。在为抉择而进行的艰苦思考中，他获得了创建企业的零星感悟，这些感悟经过多年累积而爆发：一个企业怎样从无到有？一个项目怎样才能做起来？其中的必然隐藏在这些感悟中。

作为研究者，当他意识到悟到的这些东西是学科空白，对创业者有用的时候，他放弃了企业的经营，扎进黄山3年，在完全封闭的状态下，在彻底的心灵空静中，探索创业规律写出《民富论》。为了用规律解释实践问题，他第二次闭关烟台海滨，用3年完成了对6个实践问题的研究。10年过去，他出版了12部原创著作，发表了100余篇学术论文，形成了基础理论、实践专题、学科勘误和教材四个系列，构建了中国创业学的学科体系。

回顾学科的产生，"悟"是研究方法的核心。所谓"悟"，是在丰富的创业实践中，特别是在艰苦的抉择和失败的痛苦刺激中产生了直觉，以这些直觉为基础进行抽象思维，进而上升为理论，再把理论运用到自己的实践和指导别人的实践中进行检验。于是，被创业多样性掩盖的内在真实与本质规律被挖掘出来。这是没有任何现有的思想束缚，从一张白纸开始的独立思考过程。概括起来是："实践—感悟—实践"的方法。这样的理论与创业者和企业家的心灵强烈呼应，实现了知识的生产与需求之间的无缝对接，实现了理论创新的实用价值。

延伸思考

1. 本章从几个角度证明了 21 世纪以前的经济学在创业研究上的空白？

2. 创业学科的建立首先要明确的前提或基础性问题是什么？

3. 中国创业思想的产生经历了哪几个主要阶段？

4. 中外创业思想在内容上和研究方法上有什么不同？

附图：创业原理图示

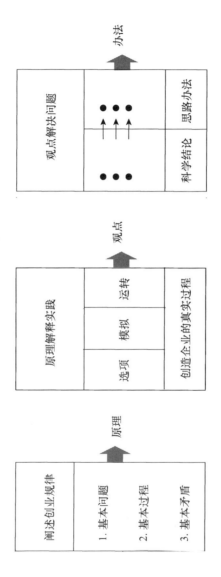

阐述创业基本规律，形成创业原理。按照创业的真实过程分阶段地用原理认识实践问题，得出结论即观点。用观点去认识和解决创业过程中的问题，困难和矛盾，达到项目存活即实现运转的目标。